LINDA DE SUZA

la valise en carton

LINDA DE SUZA

la valise en carton

FRANCE LOISIRS
123, Bd de Grenelle – Paris

Éditions du Club France Loisirs, Paris,
avec l'autorisation des éditions Carrère – Lafon

I.S.B.N. 2-7242-2066-8

Ce livre est un message d'espoir dédié à tous ceux qui croient que le soleil ne se lèvera pas pour eux. Se dire chaque matin : « je vais m'en sortir », c'est déjà commencer à réussir sa vie.

Ce livre est également dédié à toutes les mères et à la mienne en particulier.

Puissent-elles, toutes ces mères, comprendre ainsi que, pour un enfant, être privé d'amour et d'affection, ça peut faire très mal pour longtemps.

LINDA DE SUZA

20 janvier 1983, la voiture s'arrête devant l'Olympia et je vois pour la première fois mon nom écrit en lettres rouges lumineuses, comme des flammes. Qu'est-ce que ce nom fait là?

Il est quatre heures de l'après-midi et c'est l'ultime répétition. Je ne bougerai plus de cette loge où l'ombre des plus grandes vedettes rôde à chaque instant. Ce music-hall est hanté comme un château! Mais ce sont les fantômes des plus grandes stars du monde qui s'y promènent.

Je n'ai jamais vu tant de fleurs de ma vie, et l'ancienne petite bonne qui sommeille toujours en moi ne peut pas s'empêcher de les ranger et de faire un brin de ménage. Je suis seule un instant et j'ai subitement envie de fuir. Non je n'y arriverai pas, je ne pourrai pas chanter, pas sourire, pas parler et pourtant je l'ai voulu cet instant. Cinq années seulement se sont écoulées entre les « Puces » et l'Olympia, quelle folie!

J'essaie une dernière fois la robe noire et le châle doublé de soie rouge. Bien sûr ce n'est pas le châle tout simple des femmes de mon village natal mais je l'aime et je sais qu'il va m'aider à trouver les expressions justes qui correspondent à mes chansons.

Je suis odieuse avec mon entourage!

Quoi faire d'autre puisque je ne peux pas fuir! Fuir au Portugal, à Beringel où mon père m'attend (depuis qu'il est mort je sais qu'il me guide).

Et voilà qu'il se lève pour moi, ce soir. Pour moi, Linda de Suza, la petite portugaise venue d'un village perdu du sud et que tout destinait à rester femme de chambre. Tout? Peut-être pas au fond. Je crois au destin, je ne crois pas au hasard. Je suis sûre que quelqu'un, là-haut, tire les ficelles et que, si je suis ici ce soir de janvier 1983, sur cette scène qui fait rêver le monde entier, c'est que tout m'amenait vers cet endroit.

Derrière le rideau, c'est à peine si j'ose respirer.

J'ai toujours eu le trac, mais ce soir, en écoutant le brouhaha des gens qui s'installent dans la salle, j'ai le sentiment que la terre va s'ouvrir sous mes pas. Qu'elle va m'avaler avec ce rideau qui ne tardera plus à s'ouvrir.

Tout à coup l'envie fait place à la terreur, le désir est remplacé par l'angoisse... On sait que dans la salle ceux qui sont venus sont là parce qu'ils vous aiment, parce qu'ils ont envie de vous voir, de vous entendre... Mais malgré cela, à ce moment précis ou tout va commencer, où les musiciens piaffent d'impatience... hé bien on voudrait tout lâcher et partir à grandes enjambées...

Je ne peux pas dire que j'ai attendu longtemps cet instant... Tout a été si vite pour moi que je ne peux vraiment pas me plaindre. J'ai eu de la chance, une chance inouïe et j'en suis consciente.

Pourtant, c'est vrai, j'ai toujours rêvé à ces vedettes isolées dans le halo d'une poursuite... Sans trop imaginer qu'un jour, à mon tour, je serais prise entre deux projecteurs, seule malgré les musiciens, et face à la fosse aux lions qu'est la salle pleine.

Je n'aurais jamais osé penser cela. Rien ne m'y amenait.

Et, parce que j'étais plutôt destinée à rester dans le rang des domestiques, on m'a très vite cataloguée comme « l'idole des bonnes ». Je pense à tout cela dans cette minute qui précède le grand saut dans le vide. Et je n'en ai pas honte. Je n'en suis pas plus en colère pour autant. Au contraire! Je suis très fière du chemin parcouru et très fière de savoir que ce soir, un peu partout dans la salle, il y a toutes celles qui me sont si proches et qu'elles se retrouvent en moi. Tant mieux si ma réussite leur sert un peu d'étendard! Tant mieux si grâce à mes chansons elles ont enfin droit à une petite part de rêve.

Je n'ai rien oublié et je ne veux rien effacer de ma mémoire. C'est vrai – je le sais – ce soir les premiers rangs ne sont pas réservés à mes proches. Il y a un certain nombre de personnalités du « Tout-Paris » qui doivent venir. Et ça aussi, ça me rend très fière. Mais pas plus fière que de savoir que ceux qui auront la plus grande émotion ce soir, ce ne seront pas forcément les gens les plus huppés. Mon public a changé, ou plutôt il a évolué, mais ces fidèles du premier jour resteront toujours chers à mon cœur...

L'Olympia! Tant de grands noms sont passés là... J'en ai vu certains depuis que je vis à Paris, mais maintenant que je suis là sur la scène, toutes les ombres qui hantent ce théâtre m'entourent. J'ai l'impression que Piaf, la petite dame en noir de la légende, celle dont la photo orne le bureau de Bruno Coquatrix, m'observe du haut des cintres. Je sens aussi là présence de Bruno Coquatrix que je n'ai pas connu et qui était là – toujours – caché dans le rideau, guidant les pas de ses artistes, les encourageant, les soutenant, les poussant en scène quelquefois lorsque, comme moi, subitement, ils avaient envie de prendre leurs jambes à leur cou et de retrouver leur famille, leur maison, leur calme.

Elle est là, ma famille, je le sais. Mon fils au premier rang, juste au milieu, aussi terrifié que moi, mon meilleur soutien et – pour moi – le juge le plus important. Ma mère aussi. Celle pour qui j'ai tout tenté, tout voulu, celle dont j'ai tout espéré, tout attendu, et que j'ai tenu à faire venir du

Portugal. Elle ne m'a jamais entendu chanter. Elle aussi sera mon juge. Saurai-je enfin la séduire? Virginia, ma sœur aînée et son mari sont là également, quelque part dans la salle...

Ce soir j'ai peur, mais je voudrais que cette première soit le soir des grandes retrouvailles d'une famille trop souvent déchirée... Il y a quelque chose de magique dans cette salle, j'y crois. Il ne peut s'y passer que de belles choses...

Et puis, il y a mon père. Ce soir, c'est pour lui que je vais chanter ma chanson d'ouverture. Une vieille chanson portugaise qu'il aimait et qu'on chantait dans les champs. Il est mort il y a quelques années mais il ne m'a jamais quittée. Il est toujours à mes côtés. Je le sais. Je sens sa présence protectrice à chaque instant important de mon existence. Et si je trouve enfin la force de chanter, de me battre pour gagner ce qui est sans doute la plus grande bataille de ma vie, c'est qu'il va m'aider, me montrer le chemin... C'est lui qui m'aidera à ne pas décevoir tous ceux qui ont crû en moi : Pascal Auriat – mon producteur – Claude Carrère – le patron de ma maison de disques –, Jean-Michel Boris – le découvreur de talents de l'Olympia – qui vient de m'offrir sa salle sur un plateau en or, me confiant (chose rarissime, paraît-il) la place de vedette sans que j'ai eu à faire mes classes en première partie d'aucune autre vedette...

Mon dieu comme le temps semble passer lentement tout à coup! J'ai le sentiment d'être là depuis des heures et d'avoir oublié tout ce qu'on m'a appris, tout ce qu'on m'a dit de faire et de ne pas faire...

Ce soir, je dois convaincre. Ce soir, je dois être belle, chanter mieux que jamais, émouvoir, étonner, plaire, conquérir... Lourde tache! Poids énorme sur mes épaules qui n'en demandaient pas tant.

Mais je vais faire face. Je vais gagner. Je vais me battre. Je vais mériter ma loge. Je ne décevrais pas tous ceux qui m'ont envoyé des télégrammes pour m'encourager... Et je vais montrer, à ceux qui doutent encore, que j'existe vraiment! Folle prétention? Mais il faut être fou pour faire ce métier! Il faut avoir un grain quelque part pour affronter chaque soir le trou noir. Il faut aimer se faire peur...

Allons! Qu'il se lève ce rideau rouge! Pour qu'à jamais je sache si j'ai eu raison de me lancer dans cette aventure et si je n'en ai pas bavé pour rien pendant toutes ces années... Pour qu'enfin je sois sûre que mon passé douloureux n'a pas pu être un hasard.

Alors la valise en carton de la petite Portugaise, entrée en fraude en France, son enfant sous le bras, n'aura pas fait tout ce voyage pour rien...

MES PREMIÈRES ANNÉES

Je suis née dans le Sud du Portugal, dans un petit village du nom de Beringel. Évidemment, ça ne dit rien à personne : c'est un village de 400 habitants! Pour le situer disons que c'est près de Beja, ça c'est un peu plus grand et plus connu.

Quand je pense à Beringel, j'ai l'impression de regarder un western-spaghetti : tout est blanchi à la chaux, le paysage est très sec... Je suppose que le Mexique c'est comme ça!

Je me souviens de la rivière aussi... On allait y laver le linge. Les femmes portaient les bassines – ces énormes bassines de métal – sur la tête. Elles étaient très, très lourdes. Ma grand-mère, qui a aujourd'hui quatre-vingt-quatre ans continue d'aller à la rivière ainsi, très droite sous le poids...

Chez nous, quand j'étais petite, j'avais l'impression que toutes les femmes étaient tristes : elles étaient toutes habillées des pieds à la tête de vêtements sombres, sans parler des veuves qui, elles, avaient l'obligation de porter des vêtements noirs jusqu'à la fin de leurs jours. A mes récents séjours là-bas, j'ai eu le plaisir de voir que les jeunes filles au moins, avaient commencé à mettre des robes de couleurs plus gaies; même si, pour une raison que je vais vous expliquer, elles sont toujours habillées d'une façon qui ne laisse pratiquement voir que leur visage et leurs mains : quand il fait très chaud, contrairement à ce que l'on croit en général, il faut bien se couvrir. Dans le sud, il fait très chaud, on transpire beaucoup... Or plus on est couvert, moins on a chaud. Tous les gens du désert savent cela.

Des charrettes tirées par des chevaux venaient chaque jour chercher les hommes et les femmes vers 5 heures du matin pour les emmener dans les champs, où les attendait le travail. Je vois encore ma mère se hisser péniblement sur l'une d'elles, accompagnée de ma sœur ainée, Virginia qui avait onze ans à ce moment (elle n'allait déjà plus à l'école) partait avec ma mère couper le blé à la faucille. Les machines n'existaient pas à ce moment là. Tout se faisait à la main. Alors pour se donner du courage, les gens chantaient. Des chants très lents du sud du Portugal que tout le monde reprenait en chœur. C'était magnifique. Il y avait d'abord une personne qui démarrait en solo. Puis tout le monde reprenait. C'est en souvenir de ces scènes de mon enfance que j'ai encore dans les yeux, avec un horizon de champs de blé s'étendant à l'infini sous la lumière brûlante du Portugal, les hommes buvant à la régalade une eau gardée fraîche par des grandes cruches en terre, sortant les mouchoirs à carreaux pour s'éponger leurs visages ruisselant de sueur, ou alors installés à l'ombre des oliviers, attaquant un solide casse-croûte avec du chorizo, arrosé de rasades de vin rouge, – c'est en souvenir de tout cela que j'ai voulu commencer mon spectacle de l'Olympia par notre chant « Grandola Villa Morena », accompagné d'une chorale d'authentiques compatriotes. Cela me faisait me rappeler mon père, et c'est en hommage à lui que je l'ai faite : c'était là sa chanson préférée.

Mes parents et les autres, rentraient seulement à la nuit sur ces routes chaotiques qui encore aujourd'hui semblent n'avoir jamais été terminées. Ces routes faites de gros pavés qui font des bosses et qui vous brisent une voiture en un rien de temps. Il faut prendre une jeep ou y aller à pied! Et pas question non plus de faire du vélo là-dessus!

Il arrivait que ma mère nous emmène avec elle dans les champs. Elle nous installait à l'ombre d'un olivier, étalant pour nous sur le sol son grand châle noir à franges, et tout en travaillant, gardait de loin un œil sur nous. Quand elle nous laissait à la maison, c'est notre sœur Luciana, alors agée de 10 ans qui avait la responsabilité de nous surveiller.

Dans le village, les distractions étaient rares. Il n'y avait que la salle des fêtes où les gens se réunissaient. Dès qu'on entrait dans la salle on sentait l'odeur du vin. A Beringel, il n'y avait pas d'apéritif et on ne vous demande pas non plus ce que vous voulez boire. On vous sert du vin tout de suite et c'est comme ça. Inutile de vous dire que cet endroit et ce verre à boire, sont réservés aux hommes. Quand ils rentrent du travail, ils ne s'occupent pas de la maison, ni des enfants... ça c'est bon pour les femmes... Ils rentrent et ils vont au café directement. Là, ils parlent de politique, etc.

Mon grand-père était le grand chef du village. Lorsqu'on avait besoin d'un renseignement, c'est à lui qu'on s'adressait parce qu'il savait lire et écrire, il était instruit.

Les femmes, elles, rentraient et s'occupaient de la maison. Elles étaient des esclaves, rien de plus. Elles travaillaient autant que les hommes dans les champs mais, en rentrant, elles devaient encore assurer le travail de la maison et s'occuper des enfants... Les hommes ne faisaient rien. Si on avait vu un homme prendre un panier et aller faire les courses on aurait dit de lui les pires horreurs dans le village! Ne parlons pas de faire la vaisselle, ni de torcher les bébés!

A l'entrée de Beringel – en venant de Lisbonne – il y avait un petit pont. C'est dans cette rivière qu'on allait laver le linge. C'est un très beau paysage. Il nous arrivait de nous y échapper au milieu des ronces...

Près de l'eau, il y a la route principale qui traverse le pays, avec, à l'entrée du village, les tavernes où tous les dimanches hommes et femmes sortent les chaises pour s'asseoir et regarder passer les voitures... Les grand-mères tricotent aux fenêtres...

En hiver, lorsqu'il y a moins de travail dans les champs, les femmes se retrouvent les unes chez les autres. Elles parlent entre elles, se racontent des histoires, ou commentent les petits événements du village tout en cousant, reprisant ou tricotant. Pendant ce temps les hommes se rassemblent entre eux dans les tavernes.

Lorsque je suis retournée à Beringel, j'ai été étonnée de voir les choses si petites. Dans mon souvenir, la route était large, les maisons très nombreuses... De la maison de ma grand mère j'avais gardé le souvenir de quelque chose d'immense. Quand je l'ai revue, j'ai constaté à mon grand étonnement qu'elle se composait seulement de 2 pièces, une cuisine, un long couloir; et un endroit où mon grand-père attachait son bourricot, qui était son seul moyen de transport. Mon grand-père exerçait la profession de rempailleur de chaises. Je le vois encore, grimpé sur son bourricot, se rendant à la rivière pour aller ramasser des joncs. Il travaillait souvent à domicile pour les gens, ce qui rendait ma grand mère très jalouse : elle s'imaginait à ce propos toujours des choses!

Comme Beringel c'est tout petit, tout le monde se connaît. Toutefois, les familles de mon père et de ma mère ne se parlaient pas. J'ai su par ma sœur, bien plus tard, la raison de cette situation : mon père et ma mère ne s'étaient pas mariés. Et ma grand-mère maternelle n'a jamais voulu pardonner à ma mère d'avoir quitté à 17 ans la maison pour aller vivre dans la famille de mon père. Telle était l'origine de la sorte de guerre permanente qu'entretenaient les deux familles. Et naturellement, c'est ma mère qui en subissait les conséquences, et qui en a payé le plus durement le prix, comme vous le verrez.

En ce qui me concerne, le certificat de famille qu'on m'a établi, stipule que je suis « née de parents illégitimes ». Vous vous apercevrez dans la suite que c'est une habitude de famille!

Mes parents n'auraient de toute façon jamais pu se marier avec le consentement de leurs familles respectives, c'est pourquoi ils ne l'avaient pas fait.

Physiquement, comme je ressemble beaucoup à mon père, j'étais d'autant moins bien accueillie dans la famille de ma mère. Mais ma grand-mère maternelle passait de temps en temps et nous donnait un peu de son bon pain fait à la maison, par-dessus la porte.

Quand mon père rentrait de son travail ou de ses tournées (dans la période où il a été colporteur de vaisselle) il ne manquait jamais de faire un détour par chez sa mère, pour se faire raconter l'emploi du temps exact de ma mère pendant son absence. Et s'il apprenait que ma mère avait vu sa propre mère, il entrait dans des colères terribles, retirait la ceinture de son pantalon, et corrigeait violemment ma pauvre mère.

A présent que je suis adulte, je peux mieux comprendre ma mère, à la lumière de tout ce qu'elle a pu vivre et subir.

Un jour, elle en a eu vraiment assez de ces histoires de famille et on est tous partis pour Lisbonne où une dame avait besoin de ses services. Elle nous a hébergés dans une pièce. Je me rappelle très bien qu'elle avait un chien que j'aimais beaucoup. A l'époque, nous étions déjà six et cette dame nous a reçus à condition que, dans la journée, nous ne soyons pas à la maison. Alors, dès le matin, ma mère nous déposait dans une sorte de petit square et nous ne rentrions que le soir pour dormir. Nous passions toute la journée dehors pendant que ma mère faisait la bonne chez ces gens. On nous donnait à manger et, en contrepartie, ma mère devait travailler. Elle travaillait très dur, tellement dur qu'elle a fini par tomber malade des poumons. Elle était tuberculeuse. Je n'ai su que bien après qu'elle avait été obligée de se séparer de nous.

Pendant qu'elle était chez cette dame, mon père travaillait dans les rues : il mettait des petits pavés sur les avenues. Il travaillait très, très tard dans la nuit. Parce que jusqu'à une certaine heure on ne peut pas arrêter la circulation. Alors, dans la journée, il était avec nous.

Ma sœur m'a raconté (je n'ai pas une mémoire assez précise de cette époque) que certains jours, quand il finissait son travail un peu plus tôt, pour éviter de frapper à la porte de la dame et de la réveiller – il craignait sans doute aussi qu'elle le mette à la porte – il dormait dehors et il attendait que vienne le matin. A ce moment-là ma mère ouvrait la porte et il entrait.

Mais il fallait bien faire quelque chose des enfants. On ne pouvait pas les laisser traîner, comme ça, dans les rues. Ma mère a pris la décision de nous faire entrer au collège, ma sœur et moi. Ce « collège » là était réservé aux gens défavorisés et aux orphelins. Elle a mis, à la même époque les deux plus petits à l'Assistance Publique. Ils ont été pris « par faveur spéciale » car elle ne voulait pas les abandonner mais seulement les mettre là pendant sa maladie.

Évidemment, tout cela je ne l'ai appris et compris qu'après. A l'époque, j'ai vécu l'entrée au collège comme un véritable abandon. Ça m'a fait très mal et je crois que si je porte en moi ce fond de tristesse, encore aujourd'hui, c'est à cause de ce sentiment-là.

MON PREMIER GRAND CHAGRIN

Je ne veux pas jouer les martyrs mais je veux raconter la peine et l'angoisse que j'ai ressenties lorsqu'on m'a mise en pension. Je me souviens de notre arrivée devant un grand portail. Ma mère a sonné : il y avait une grosse cloche. Le portail s'est ouvert et un couple est venu nous accueillir. Elle s'appelait Isaura et son mari Antonio. Ce sont les premiers visages que j'ai vus.

Ma sœur Emilia est entrée en même temps que moi, mais, tout de suite, elle a repéré des filles et elle est partie jouer. Moi, je ne quittais pas ma mère des yeux : je me demandais ce qui se passait! J'étais très intriguée et terriblement affolée. Je sentais confusément qu'il allait arriver quelque chose : je ne voulais pas lâcher ma mère.

Et puis une dame aux cheveux blancs, coiffée d'un chignon est venue me prendre par la main. Elle m'a dit : « Viens, je t'emmène. Aimes-tu les gâteaux? ». Elle m'a conduite dans une grande cuisine et lorsque j'ai voulu regarder derrière moi, ma mère n'était plus là.

Dans cette grande pièce il y avait plusieurs femmes. C'étaient les cuisinières du collège. Quand je me suis vue seule dans cette cuisine, j'ai eu très peur. Pour me débarrasser de tous ces gens, j'ai attrapé un tisonnier, je l'ai plongé dans les braises de la cuisinière, et quand je l'ai ressorti rougi au feu, j'ai menacé toutes ces femmes qui faisaient bloc autour de moi. Et j'ai couru jusqu'au portail. J'ai pleuré, pleuré... Ça n'a servi à rien : je n'ai pas vu ma mère pendant très longtemps à dater de ce jour.

Notre séparation m'a semblé durer une éternité. A cet âge-là, une journée c'était interminable. Et puis il n'y avait jamais de vacances. On n'y avait pas droit. Lorsqu'on entrait dans ce collège, on ne pouvait plus en sortir. C'était comme à l'armée : l'oppression.

Si je fais ce parallèle entre le collège et l'armée, ce n'est pas tout à fait par hasard. La caserne se trouvait être accolée au collège. Nous entendions sonner leur réveil au clairon! Nous avions même fait des paroles de chanson sur cette musique qui nous réveillait nous aussi!

Quand je suis entrée dans ce pensionnat (je l'appelle « pensionnat », en fait il portait le nom terrible d' « Asile de Don Pedro V » et ce mot « asile » me semblait comme une marque de misère imprimée sur moi). J'avais cinq ans alors. J'étais la plus jeune de toutes. Et je ne pouvais pas apprendre à lire parce qu'il fallait avoir sept ans. Là aussi, nous avions été admises à titre exceptionnel : on ne nous avait acceptées que parce que ma mère était tuberculeuse. Elle avait fait jouer quelques connaissances et on m'avait tolérée dès cinq ans.

Ma sœur Emilia a toujours eu un autre tempérament que le mien, aussi s'est-elle mieux intégrée que moi. Et puis elle avait sept ans. Moi, j'étais toujours dans mon coin, je ne faisais confiance à personne. Pendant tout le temps où ma sœur était dans la classe, je restais dans le jardin pour jouer, mais j'étais seule toute la journée.

Et il est arrivé ce qui devait arriver. Quand on me connaît un peu, on n'en est pas vraiment surpris... Je me souviens de ce jour-là comme si c'était hier. J'ai voulu m'enfuir. Ça s'est passé un soir. Pendant que les autres mangeaient dans le réfectoire, j'ai demandé l'autorisation d'aller aux toilettes. J'avais repéré l'endroit par lequel je pensais prendre la fuite. Mais je n'étais pas assez grande pour ouvrir le portail et les gardiens m'ont surprise. Ils m'ont ramenée à la directrice et, à partir de là, elle ne m'a plus quittée. Tous les jours pendant deux mois, elle m'a surveillée. Je dormais même avec elle dans sa chambre!

Alors, je me suis mise à chercher ce qui pourrait faire qu'elle me laisse un peu plus libre. Pour l'embêter j'ai fait pipi au lit. Je me disais : « Si je fais pipi dans son lit, elle me mettra dans un lit à part dans le dortoir et avec les autres... » En fait, je pensais toujours à m'en aller et je me disais que c'était plus facile à envisager du dortoir.

J'ai donc fait pipi au lit et elle s'est fâchée tout rouge. Elle m'a frappée, et elle m'a mise dans le grand dortoir comme je l'avais souhaité. Ce dortoir n'avait jamais été fermé à clé auparavant mais à cause de moi, tout d'un coup, on l'a fermé. En essayant de m'enfuir j'ai perdu toutes mes libertés : on ne cessait plus de me surveiller. On se méfiait terriblement de moi, et je n'avais que cinq ans!

Deux ans ont passé comme ça, loin de tous, y compris de ma sœur puisqu'elle était toujours avec les autres, avec les plus grandes. En fait j'étais plus sentimentale qu'elle et le fait d'avoir quitté la maison me traumatisait. Elle, par contre, à sept ans, appréciait davantage les commodités qu'offrait le collège et que nous n'avions pas chez nous. Elle était même ravie d'être là! Parce qu'elle avait à manger à heures fixes, trois fois par jour... Moi, ce genre de problème ne me concernait pas encore. Je ne pensais qu'à une chose : ma mère n'était pas près de moi et elle me manquait cruellement. Elle était tout pour moi.

Aujourd'hui, quand je parle avec ma sœur Virginia (qui vit en France) de cette époque, elle me gronde presque. Elle me dit : « Écoute, laisse tomber! Qu'est-ce qu'il y a? Finalement, de toute la famille, c'est sûrement nous qui avons été les plus heureuses. Pendant ce temps-là, les autres crevaient de faim... » Je crois que j'aurais préféré crever de faim mais être avec ma mère. Et ça, ni ma mère, ni ma sœur ne l'ont jamais compris.

Une seule fois j'ai eu une surprise formidable : j'ai vu ma mère débarquer au collège! Elle avait un œil au beurre noir parce que mon père l'avait encore battue et elle était partie de la maison. Il faut dire que ma mère a été, elle aussi, très malheureuse. Et ce dès son enfance. Elle ne sait ni lire, ni écrire parce que mon grand-père disait que, dans les journaux, il n'y avait que des insanités et qu'il ne voulait pas que ses enfants en prennent connaissance. Aujourd'hui encore ma mère est toujours incapable de distinguer un a d'un e.

Malgré la nouvelle vie qui commençait pour elle après le déménagement à Lisbonne, les rapports de ma mère avec mon père ne s'étaient pas améliorés, et celui-ci était toujours aussi brutal, et la frappait souvent.

Ma mère est donc venue au collège pour se protéger de lui, et elle y est restée huit jours. Elle était bonne couturière, alors on l'a gardée. On l'aimait bien parce qu'elle travaillait bien.

Je la voyais mais elle n'avait pas le droit de nous parler. Je ne pouvais pas non plus m'approcher d'elle. Mais, au moins, sa présence au collège me rassurait un peu.

La directrice en profitait pour nous faire la leçon : « Ah, vous voyez! Vous qui ne rêvez que de sortir d'ici... Regardez Victoria... Voilà ce qui vous attend à l'extérieur! Vous serez très malheureuses! Vous aurez toutes les occasions de souffrir en allant au-dehors... »

Ces remarques-là m'énervaient et me faisaient mal au cœur... Tout comme me vexaient les punitions que je pouvais recevoir. Je vais en raconter une ici. L'histoire n'est peut-être pas très élégante, mais au fond je la trouve plutôt mignonne.

Un jour, alors que nous avions fini notre soupe, on nous a demandé « Qui en veut encore? » Évidemment j'ai levé le bras, très vite, mais en même temps que je levai le bras je n'ai pu retenir un pet. On l'a entendu dans tout le réfectoire. Les autres, bien sûr, ont éclaté de rire mais, pour avoir fait ce petit bruit pour le moins incongru à table, on m'a supprimé la suite de mon dîner et on m'a punie. On m'a fait monter sur le banc où nous nous asseyions pour manger, et j'ai été condamnée à rester debout, les bras écartés, pendant une heure.

Malheureusement pour moi, ma mère est entrée à ce moment-là. J'étais complètement désespérée qu'elle m'ait vue ainsi et qu'elle sache que j'avais été punie. Je me disais : « Qu'est-ce qu'elle va penser? Elle va me laisser ici encore plus longtemps pour me punir, elle aussi... » Moi qui voulais tant lui plaire et passer pour la meilleure de ses filles...

Elle est entrée, elle m'a vue comme ça... bien entendu elle m'a passé un joli savon, devant tout le monde. La directrice, elle non plus, ne s'est pas privée... Je trouvais cela si injuste. C'était affreux pour moi.

Et pourtant je sais que je n'étais pas la plus malheureuse de toutes les filles réunies au collège. Il y en avait une, par exemple... Elle s'appelait, je crois, Antonia. Elle portait le numéro 17. Elle avait un caractère très vif qui lui valait de sacrées dérouillées. Elle avait tendance à répondre aux professeurs... Oh, pas grand chose, juste pour se prouver qu'elle existait... Mais c'était encore trop et on la battait devant tout le monde... A titre d'exemple.

Je me souviens aussi d'une autre fille... la numéro 22. Elle faisait partie des « grandes », elle devait approcher de ses dix-sept ans. Et un jour, je ne sais pas pourquoi – je ne le saurai sans doute jamais – la directrice l'a appelée au milieu du réfectoire et elle lui a coupé les cheveux à ras, comme ça, devant toutes les filles. Ça m'a terriblement choquée. Elle était très jolie, elle avait de beaux cheveux blonds, très longs... Une Portugaise blonde, c'est rare! Elle était si belle, que dans la pièce de théâtre qu'on donnait toujours en fin d'année, c'est elle qui jouait le rôle envié de « Blanche Neige ».

La directrice lui avait rasé la tête en guise de punition,

mais pourquoi? Elle avait sûrement fait quelque chose... Cette fille était tellement malheureuse, tellement honteuse, qu'elle est « tombée dans les pommes ». Alors la directrice s'est jetée sur elle en la giflant, en lui donnant des claques à tout va, et là, nous nous sommes toutes révoltées.

Nous n'avions guère de moyens pour nous révolter mais nous nous sommes mises à crier. Qu'est-ce qu'on risquait? Au pire, elle nous aurait rasées aussi... Elle n'aurait certainement pas eû de scrupules à le faire : c'était une redoutable garce! Et, d'ailleurs, il y a eu d'autres histoires, d'autres filles rasées... C'était, à chaque fois, aussi affreux.

Ça me fait penser à l'armée... Vous savez, comme dans les films qu'on voit quelquefois... Les mêmes injustices, les mêmes révoltes étouffées dans l'œuf... Comme dans les prisons. C'était exactement la même chose. Quand je pense qu'on ne m'a même pas laissée sortir pour aller à l'enterrement de mon grand-père! Au collège, il n'y avait pas de place pour les sentiments...

Il m'est arrivé un jour – de peur – de faire pipi au lit. J'avais sept ans. J'ai eu tellement la trouille de me faire disputer – j'ai eu une enfance de peur – que j'ai refait mon lit comme si de rien n'était. Mais je n'ai pas regardé et je n'ai pas vu que c'était un peu mouillé par terre. J'ai gagné ma classe en espérant que mon lit sècherait.

Mais la directrice passait, de temps en temps, dans les dortoirs pour faire l'inspection générale. Mon lit était juste à côté de la porte : c'est la première chose qu'elle a vue. Elle l'a ouvert, elle a découvert la chose, et elle est descendue dare-dare dans la classe. J'étais dans la salle deux, la deuxième classe. Parce qu'au Portugal il y a la première classe dans laquelle on apprend à lire, puis la deuxième, la troisième et la quatrième. La quatrième marque la fin de l'école primaire.

Elle a fait une entrée fracassante, elle a hurlé mon nom de famille (Lança) et mon numéro de pensionnaire « Lança 65! ». Elle hurlait... Elle m'a fait venir jusqu'à elle et je l'ai vue qui enlevait sa chaussure. Elle devait avoir mal aux jambes parce qu'elle ne portait pas des chaussures comme tout le monde : les siennes, c'étaient des savates...

Comme par terre il y avait du ciment rouge ciré et que cela faisait une impression de fraîcheur quand on marchait pieds nus, je lui ai dit : « Madame, il ne faut pas enlever vos chaussures, sinon vous allez vous enrhumer... »

Elle s'en moquait éperdument. Elle a soulevé ma jupe et elle m'a battue devant toutes les autres. J'avais salement mal aux fesses!

Alors, pour me venger, le soir venu, pour lui donner des remords de m'avoir tant frappée, j'ai décidé de me rendre malade et je l'ai fait.

Il y a une spécialité portugaise qui s'appelle « caldo verde ». C'est une soupe qui se mange très chaude. J'ai pensé que si je mangeais cette soupe bouillante et si en même temps je buvais de l'eau glacée, si j'intercalais les deux, et bien cela risquait fort de me rendre malade. Ça n'a pas raté. Une cuillère de soupe, une gorgée d'eau et ainsi de suite, résultat assuré.

D'autant plus assuré que j'étais vexée comme tout et que toute cette histoire me restait sur l'estomac. Avant même de m'infliger ce traitement peu recommandable, j'étais déjà malade de nervosité. Ne serait-ce que parce que les filles ne me faisaient pas de cadeau : elles se moquaient de moi allègrement.

Nous avons terminé notre dîner, nous sommes montées pour faire notre toilette et, finalement, je suis allée me coucher tout à fait normalement. Mais dès que je me suis endormie, j'ai commencé à faire des cauchemars terribles, à me sentir vraiment très mal. J'ai rendu tout mon dîner en dormant.

Le lendemain, j'avais 40° de fièvre. L'énervement, l'humiliation... tout cela avait joué et j'étais réellement malade. Tellement mal en point que la directrice a eu peur et qu'elle a fait venir le docteur. Ils se parlaient tout bas, tous les deux... Je n'ai jamais su ce qu'il a pu lui dire, quel diagnostic il a pu établir... Mais dans ma tête, je n'en démordais pas. Je continuais à me dire que, je reviendrais pour me venger et leur casser la figure!

Je ne pensais qu'à ça! Le plus drôle, c'est qu'il y a trois ans, je suis retournée au Portugal pour faire une émission de télévision. Avant d'aller à la télé, ma première idée a été – bien sûr – de retourner au collège car, malgré le temps écoulé, je pensais, encore et toujours, à ma vengeance! Je ne dirais pas que j'avais l'intention de casser la figure de la directrice (comme je l'avais si souvent envisagé auparavant) mais je voulais l'ennuyer d'une façon ou d'une autre.

Quand je suis arrivée là-bas, on m'a annoncé qu'elle était décédée et mon rêve s'est effondré. Jamais plus je ne pourrais lui faire payer tout le mal qu'elle avait pu me faire. En disparaissant, elle a fait disparaître le collège avec elle. Je me suis souvent demandé, depuis ce jour-là, ce que j'aurais dit en me retrouvant en face d'elle après toutes ces années. Je vous jure que je l'aurais insultée. Peut-être même que je l'aurais empoignée... oh, pas méchamment, non! Mais suffisamment pour lui faire peur. J'aurais sûrement joué l'ironie et je lui aurais tout déballé sur ce ton. Tout ce que j'ai sur le cœur depuis si longtemps. Évidemment, je n'aurais pas frappé une dame de cet âge!

Je ne suis pourtant pas particulièrement rancunière, mais, je ne sais pas pourquoi, je me suis toujours imaginée qu'un jour je retournerais là-bas pour voir ce qu'elle était devenue et la vexer à mon tour. Au fond, elle a eu de la chance de ne pas me revoir. Elle n'aurait sûrement pas aimé vivre ces moments-là...

Les souvenirs me reviennent au fur et à mesure que je repense à elle... Elle avait des côtés complètement sadiques. Pas quand elle m'a vue si malade – là je crois qu'elle a eu réellement très peur – mais d'autres fois...

Ainsi, une des filles du collège était diabétique. Il fallait lui faire des piqûres régulièrement. En fait, elle se piquait toute seule tous les jours. Elle s'appelait Adelina, je crois.

Un jour, elle s'est dit qu'elle voulait être comme tout le monde et ne plus vivre par seringues interposées. Elle a cessé de se faire ses piqûres pendant deux jours et elle en est morte. Simplement pour avoir voulu ressembler à tout le monde! C'est vous dire à quel point nous pouvions être traumatisées dans ce collège. A quel point aussi, cela peut être dur de vivre entre filles, en concurrence permanente...

C'est peut-être pour cela que je ne m'entends pas très bien avec les filles. Je n'ai pas d'amies. Je préfère – et de loin – les amitiés masculines. Sans doute parce que j'ai vécu avec cinq sœurs très dures, très méchantes, et également parce que j'ai été élevée dans une pension avec cent filles et, en plus, des gardes chiourmes, très mauvaises elles aussi, pour nous surveiller.

Comment voulez-vous qu'aujourd'hui je fasse confiance aux femmes? Impossible. Je ne peux pas. Peut-être qu'un jour j'en rencontrerai une.

A moins que je ne décide d'aller voir un psychologue pour savoir – enfin – ce qui se passe dans ma tête. Ce n'est pas normal d'être ainsi hantée par son passé...

Je n'ai qu'une jolie histoire qui me revienne en mémoire lorsque je repense au collège et que j'essaye d'être positive. Une des filles s'est un jour cassé la jambe en sautant à la corde. Elle était très douce, très gentille, nous l'aimions toutes bien. Alors, tous les soirs, nous priions pour elle avant le dîner. Nous demandions au Bon Dieu de la guérir. On a été obligé de l'opérer et pendant toute l'heure qu'a duré son opération, nous nous sommes réunies dans la chapelle pour prier pour elle. C'était mignon!

Au bout de deux ans, je suis finalement rentrée en classe et, là, ça a commencé à m'intéresser davantage. Ou du moins je me suis dit que ça m'intéressait et j'ai fait comme si. Alors j'ai appris et j'ai toujours été en avance par rapport aux autres. Sans doute parce que je me disais que plus vite j'apprendrais, plus vite j'en aurais fini avec cet endroit. Du coup, j'étais toujours la première en tout et j'ai fait mes études primaires sans difficulté.

A onze ans, j'ai appris que ma mère allait venir me chercher. Ma sœur était sortie un an auparavant et je savais que mon tour allait arriver. J'attendais ce jour avec une impatience folle parce que les visites étaient rares au collège. De temps en temps, mon père venait nous voir. Il avait le droit de le faire une fois par mois, mais le plus souvent il restait deux ou trois mois sans venir. Je sais aujourd'hui pourquoi : il n'avait pas les moyens de payer les transports trop souvent.

Mes sœurs ainées venaient aussi, de temps à autres, mais il fallait qu'elles fassent énormément de kilomètres à pied. Comme elles n'étaient guère plus vieilles que moi, elles ne le pouvaient pas très fréquemment.

En six ans j'ai eu le temps de faire le tour de cette maudite cour, énorme, en terre. J'ai eu le temps d'apprendre par cœur les horaires du collège... On se levait à sept heures, puis on avait jusqu'à huit heures pour faire sa toilette, son lit... Il fallait qu'il soit au carré, parfaitement tiré, comme à l'armée. Pire qu'à l'armée! C'était tellement strict que, tous les soirs, la dame qui s'occupait de notre dortoir faisait aussi l'inspection des vêtements. Nous devions les retourner dans tous les sens pour montrer qu'ils étaient propres... Et puis, tous les soirs, entre onze heures et minuit, la directrice passait dans les dortoirs pour vérifier que nous étions bien couchées sur le côté gauche. Si, par hasard, elle nous trouvait sur le côté droit, elle nous réveillait, pour nous obliger à nous retourner. C'était horrible, affreux... Après, il nous fallait des heures et des heures pour nous rendormir.

Dans le collège, nous étions une centaine de filles en tout. C'est-à-dire qu'il y avait deux dortoirs séparés : celui des petites qu'on appelait « Camarata 1 », et, plus loin, il y avait le deuxième, celui des grandes, celles qui avaient quinze, seize ou même dix-sept ans. Celles que nous – les petites – nous appelions « les vieilles! »

Après, au-dessus il y avait encore un autre dortoir « la camarata 3 » pour les moyennes. Et tout en haut du bâtiment la salle des filles qui n'étaient pas propres, de celles qui faisaient encore pipi au lit.

A huit heures, nous allions prendre notre petit déjeuner, juste avant d'entrer en classe (de neuf heures à midi). Puis nous allions déjeuner. Ce n'était pas toujours pour combler notre faim, mais, dans l'ensemble, c'était bon. Finalement, je me dis aujourd'hui, que ce n'est peut-être pas plus mal d'avoir été habituée dès l'enfance à ne pas trop manger. Ça crée un bon équilibre.

Ce qui était bien, c'est qu'on mangeait à heures fixes. Il n'y avait que le dimanche qui posait des problèmes. Ce jour-là, on n'avait pas de goûter, parce que la plupart des filles avaient la visite de leurs parents. Et, moi, je crevais de faim. Je me souviens qu'il m'arrivait d'aller voler dans la réserve des patates que je mangeais crues. J'avais tellement faim! Le goûter habituel me manquait cruellement. C'était bon. Quand on a faim, je crois que tout paraît délicieux.

Quand on avait des visites, ce n'était pas pareil. Il y avait certains parents qui jouissaient de plus de moyens que les miens... Ceux-là amenaient des oranges, des gâteaux... Mais les filles n'avaient pas le droit d'y toucher tout de suite. Elles devaient les mettre dans une réserve pour laquelle on leur donnait un numéro et à chaque repas elles recevaient une orange ou une mandarine selon ce qu'elles avaient reçu. Il était interdit de tout dévorer d'un coup.

Mais moi qui n'avais jamais de visite (ma mère ne pouvait pas venir puisqu'elle était à l'hôpital et mon père... avec ce qu'il gagnait il fallait d'abord qu'il nourrisse les autres...), je n'avais jamais rien. Je réalise aujourd'hui, avec le recul, et parce que je suis une femme maintenant, le pourquoi et le comment de cette situation très dure. Mais, à ce moment-là, j'étais trop jeune pour raisonner et je pensais seulement qu'ils ne voulaient pas de moi! Et ça c'était très grave.

J'aimerais pouvoir être sûre de ce que j'écris là, mais il m'arrive encore d'avoir des doutes... Je n'arrive pas à oublier complètement. Et si, tout simplement, on s'était débarrassé de moi pendant quelques années? Je n'aurai probablement jamais la réponse à cette question qui me brûle, qui me ronge. Je ne veux pas faire de la peine aux miens s'ils me lisent, mais je voudrais quand même qu'ils sachent à quel point ils m'ont fait du mal à un âge ou chaque fait reste marqué pour la vie comme une brûlure au fer rouge. Rien n'effacera jamais cette marque-là.

Quand les autres recevaient des visites, se voyaient offrir des gâteaux, des fruits... je les regardais en ayant un goût amer dans la bouche. Pour elles, c'était formidable... Et moi, quand elles jetaient leurs épluchures, j'allais les ramasser et je les mangeais. Il m'arrivait même, certains jours, de faire des trocs quand les filles mangeaient des pommes. Je leur disais : « si tu me donnes ton trognon, je te donne ça... » Je n'avais pas grand chose à leur offrir en échange, mais j'avais tellement envie de goûter une autre nourriture que celle qu'on nous donnait au collège!

J'ai un mal infini à oublier tout cela. Le succès, l'argent, rien n'estompera jamais cette période de ma mémoire.

J'étais une enfant très renfermée. Je n'ai jamais eu de copine à qui j'aurais pu confier des petits secrets que j'aurais inventés pour elle. Non que je ne voulais pas avoir d'amies, mais elles ne me comprenaient pas. Je ne sais pas pourquoi, mais c'était comme ça. Peut-être que j'aurais dû être plus gaie, plus conciliante... accepter mieux cette situation que je vivais comme un calvaire.

Je me demande pourquoi j'ai été la seule de la famille à tant souffrir de cet état de fait. J'étais coincée entre cinq filles et trois garçons et j'étais de loin la plus sensible de tous. Aucun des autres n'a pleuré comme moi. Personne n'a souffert autant que moi. Il manquait tant de choses à mon bonheur.

Et dire que je travaillais bien pour faire honneur à ma

mère! Dans ma tête je me disais : « Si je travaille bien, elle sera fière de moi... ». Je ne voulais que ça. Et je me demande si j'ai jamais réussi à l'épater en quoi que ce soit jusqu'à ce jour... Elle n'a jamais su me montrer qu'elle était fière de sa fille à aucun moment.

C'est donc pour elle que je voulais avoir des prix, pour qu'elle vienne chercher sa fille la tête haute. Le reste ne m'intéressait pas du tout. Je n'étais pas plus liée avec mes professeurs qu'avec mes compagnes de classe. Mon but c'était de travailler bien et de sortir le plus vite possible pour retrouver ce que j'avais perdu.

Et puis, j'avais en tête de me venger. Je crois que je me suis effectivement vengée de beaucoup de choses... J'ai sans doute fait beaucoup souffrir ma mère et les miens, mais je me suis vengée. Je voulais leur en faire baver à leur tour. Je leur ai fait mal parce qu'ils m'avaient fait mal. Et je n'ai pas voulu tenir compte du fait que ma mère ne m'a mise en pension que parce qu'elle était obligée de se séparer de moi. Elle était malade. Mais ça, à ce moment-là, je ne pouvais pas le comprendre. Je ne voulais pas le comprendre.

De cinq à onze ans j'ai attendu la sortie. Avec un seul bon souvenir : ma première communion. J'étais encore au collège et je m'en rappelle parce que j'étais très pieuse, très croyante, et je priais le Bon Dieu tous les soirs pour que ma mère vienne me chercher.

Je m'en souviens aussi, à cause de l'habit que j'ai eu l'occasion de pouvoir mettre alors, quel bonheur de me sentir dans ce vêtement blanc... J'avais tout à coup l'impression d'être plus pure. J'allais me confesser... Oh! je ne risquais pas de dire du mal de mes petites amies! Je pensais alors que, si je faisais quelque chose de vilain, le Bon Dieu allait me punir et que s'il me punissait ce serait en me laissant encore plus longtemps dans cette pension... Toujours cette idée fixe qui me hantait : bien faire, plaire... pour sortir au plus tôt.

C'est curieux tout de même que je n'aie même pas eu une petite copine à l'école... Mais je crois qu'en perdant confiance en ma mère, j'avais perdu confiance dans le monde entier. Et pourtant, comme tout être humain, j'aurais eu besoin de me confier à quelqu'un. Je crois qu'aujourd'hui j'ai enfin trouvé à qui parler : le public. C'est lui qui a toute ma confiance, et lui seul. Il me réconforte et il m'aime. Il m'offre son amour et c'est tout ce qui m'a manqué dans mon enfance, tout ce que je n'ai jamais eu. Au fond, ce qui m'arrive maintenant, c'est peut-être le résultat de toutes ces années. Cette période noire m'a sans doute donné la force, la volonté de m'en sortir coûte que coûte... Je suis sûre en tout cas que si à présent j'en suis là, c'est à cause de ma mère.

J'aurais tellement voulu qu'elle assiste à ma communion! Mais non, personne... Heureusement que ce jour-là je pouvais me consoler en me sachant près de Dieu. Pure. Et quand je suis passée devant le curé, qu'il m'a bénie, je me suis mise à pleurer, pleurer... A un point tel qu'il m'a prise à part, dans un coin, et m'a demandé pourquoi je pleurais. Je ne voulais pas mentir en un jour pareil et de toute façon je ne pouvais pas le faire, car il fallait que cela sorte de moi, enfin! Alors, je lui ai parlé comme je ne l'avais pas fait depuis des années, ni à une amie, ni à une maîtresse. Je lui ai avoué que je voulais sortir, retrouver ma mère...

Il m'a demandé mon nom et je lui ai répondu « Téolinda ».

– « Ne t'inquiète pas », m'a-t-il dit pour calmer mes larmes qui n'arrêtaient pas d'inonder mon visage et, sans doute aussi, pour apaiser mes tourments si visibles. « Plus tard, je le sens, tu seras quelqu'un dans la vie. Tu auras beaucoup de monde autour de toi car la signification de ton nom c'est « beauté de Dieu ». « Théos » en grec cela veut dire « Dieu » et « Linda », tu le sais, cela veut dire « belle ».

Il m'a dit également que plus tard j'aiderais quelqu'un...

Ce curé, je me souviendrai toujours de lui. Si je le rencontrais aujourd'hui, je suis certaine que je le reconnaîtrais. Il avait une barbe et – croyez-le ou non – il s'appelait

Jésus. Si ça, ce n'est pas une coïncidence troublante!...

Pendant les dernières années au collège, on autorisait quelquefois les « grandes » à aller jusqu'au jardin, en face. Il ressemblait un peu à votre Bois de Boulogne... Il y avait de grands espaces... Évidemment, il n'était pas question de profiter de tous les plaisirs que ce parc offrait, puisque nous n'avions pas d'argent. Nous étions là pour nous promener, c'est tout. Pour prendre l'air, hors de notre cour habituelle.

Je me souviens que nous suivions les autres enfants du jardin pour savoir s'ils allaient manger quelque chose. Au cas ou ils se débarrasseraient des restes... Parce qu'alors nous les mangions. Nous nous jetions dessus. C'était pareil quand on nous amenait à la plage.

Ces jours-là, pour aller à la plage, on partait vers sept heures du matin. Le car de la Garde Républicaine venait nous chercher au collège. On partait à la plage en chantant... On y arrivait vers neuf heures, on sautait dans nos maillots de bain... Et aussitôt on avait gymnastique.

A l'heure du déjeuner, nous ouvrions notre petit sac : on y avait mis à notre intention deux tranches de pain avec du poisson frit et un fruit. C'était tout. Nous nous en moquions : ce jour-là nous étions à la plage!

Les parents avaient le droit de venir rejoindre leurs enfants et bien sûr, pour ces gosses-là, il y avait toujours plus à manger que pour nous. Le seul avantage que nous avions, nous les « sans-le-sou », c'est que quelquefois les gens offraient des choses aux déshérités. Des gros agriculteurs envoyaient des oranges, des mandarines, déjà épluchées, et il y avait une priorité acquise aux plus pauvres. Autant dire qu'à chaque fois, ma sœur et moi, nous étions en tête de liste.

Ça nous vexait : nous nous sentions encore plus misérables de savoir que, décidémment, nous étions les plus pauvres. Parce que, dans le lot, tout n'était pas forcément très frais. Les bananes, par exemple, étaient souvent déjà trop mûres. On nous les donnait et nous étions bien contentes de les manger, faisant fi de notre fierté.

Mais, tout le temps, on nous rappelait que nous étions les plus pauvres. Et ce à longueur de journée. Ils en avaient fait une sorte de formule miracle : « donnez-ça aux Lança ». « Lança » c'était notre nom de famille. Mon père portait ce nom, De Suza est le nom de famille de ma mère. Mais moi j'étais le « numéro 65 » et ma sœur le « numéro 64 ». Pour tout le monde nous avions des numéros, en guise de nom et de prénom. Sauf lorsqu'il s'agissait d'un problème administratif précis, auquel cas nous redevenions des « Lança ».

Pour moi, la pauvreté, ça tournait à l'obsession. Je n'en pouvais plus d'être misérable à ce point. Et puis les autres en profitaient pour se moquer sans arrêt de nous. Dès que ma sœur n'était pas « gentille » ou dès qu'elle faisait une bêtise – et bien entendu elle en faisait, comme tout le monde – la directrice nous jetait à la figure que, sans elle, sans le collège, nous serions dehors en train de crever de faim. « Tu n'as qu'à regarder ton père et ta mère! » éructait-elle, pleine de hargne.

Pour nous, pendant tout ce temps, il n'y a pas eu de vraies vacances. Nous restions au collège exactement comme si nous avions été des orphelines. Alors, de temps à autres, on nous amenait à la plage, histoire de nous changer de décor. Les autres jours, on nous laissait dans la cour. Nous jouions au ballon ou nous nous creusions la tête pour nous inventer des occupations...

On nous sortait rarement, mais, de temps en temps, nous recevions des invitations gratuites pour aller au Colisée, un grand cirque couvert. C'était la grande sortie! J'ai fait l'autre jour un gala à Amiens dans un cirque. Que de souvenirs me sont remontés au cœur! J'ai chanté au milieu de la piste et je revoyais les clowns de mon enfance, les petits caniches dressés...

On nous a amenées également – une seule fois – au cinéma « le Saint-Georges ». C'était un cinéma très réputé à Lisbonne. Nous avions reçu des places et nous étions toutes contentes. Malheureusement, il n'y avait pas de places pour tout le monde! Alors on a procédé par élimination : celles qui travaillaient le mieux en classe y ont eu droit. Pas de problème de ce côté là : j'y suis allée. Je me rappelle qu'on nous a montré « Les Dix Commandements. » Qu'est-ce que j'ai pleuré! Nous étions très attachées à la religion alors cela a provoqué un véritable déluge dans les rangs des petites filles! Nous sommes toutes sorties en larmes du cinéma.

Puis il y avait les fêtes de Noël. Mais ne vous imaginez pas que nous avions des cadeaux splendides, ni même ces beaux jouets tout neufs aux jolies couleurs que reçoivent les enfants – et que j'ai pu moi-même offrir à mon fils! – On nous distribuait des vieux jouets dont les gens s'étaient débarrassés pour qu'on nous les donne.

Une année, je devais avoir neuf ou dix ans, j'ai reçu simplement une pelote de laine et une paire d'aiguilles à tricoter. La laine était de couleur rose. Et vous savez que j'avais des jumeaux frère et sœur. La couleur commandait que je tricote pour ma sœur. Et je lui ai fait une paire de chaussettes. Je n'étais pas encore très capable en tricot, et j'ai tricoté l'une des chaussettes en pointe et l'autre en arrondi. De sorte que, en guise de compliment, j'ai reçu ce jour-là une belle engueulade! C'est sans doute pour ça que je m'en rappelle si bien. Et sûrement aussi pour cette raison que je n'ai jamais eu par la suite tellement le goût de tricoter!

Les fêtes de Noël... Je m'en souviens encore... Je n'ai jamais eu l'occasion d'arranger l'arbre de Noël. Ce plaisir-là était réservé aux grandes. A celles qui avaient treize-quatorze ans. Sans doute parce qu'on estimait pouvoir leur faire davantage confiance. Mais j'aimais bien les fêtes de fin d'année tout de même.

Noël, je trouvais ça très rigolo. Comme tous les soirs, les plus petites allaient se coucher dès qu'elles avaient terminé leur repas. Nous ne mangions pas beaucoup ce soir-là et je vais vous expliquer pourquoi. Après un dîner très léger, nous allions dormir du sommeil du juste; jusqu'à minuit heure à laquelle nous étions réveillées par les cloches. Alors nous

nous relevions toutes en vitesse, avec l'excitation de la fête en nous, nous mettions nos plus beaux habits et nous redescendions.

Là, nous avions droit à du cacao avec – je ne sais pas si cela existe en France : du pain à l'anis, une sorte de pain d'épice en forme de barquette. Et, après, nous allions voir l'arbre.

Il était dressé dans une salle de classe. C'était toujours un arbre immense, avec plein de petites lumières partout, qui s'allumaient et qui s'éteignaient... Alors, nous nous asseyons en rond autour de l'arbre, par terre, et un des professeurs commençait la distribution des paquets. « Numéro untel, numéro dix... » Toujours les numéros.

A part mes essais de tricoteuse, il faut bien dire que je préférais mille fois aller dans la cour et jouer au ballon. Nous jouions au « pouilleux ». Il y avait deux camps et dans chaque équipe, un gardien de but. Les équipes pouvaient aller de 4 à 6 joueurs... même dix, si on trouvait des candidats. J'adorais jouer à ce jeu. On s'y battait. A un moment donné, j'étais presque devenu un garçon, à force de vouloir être forte et gagner à tout prix. Ah, il ne fallait pas qu'on s'avise de me prendre quoi que ce soit sans mon consentement, parce que j'étais drôlement rapide pour casser la figure à qui osait me défier!

Cette cour, elle restera à jamais dans ma mémoire. Il y avait – je crois que cela n'existe pas en France – des grands arbres couverts de mûres. Pas des ronces comme les mûriers d'ici, de vrais arbres, très grands, avec des mûres blanches, énormes, juteuses... Et on donnait les feuilles des mûriers à manger aux vers à soie...

Par terre, il n'y avait que de la terre. C'est pour cela que nous pouvions jouer aussi facilement au ballon. On traçait le terrain sur le sol... On jouait aussi à la marelle bien sûr. Cette cour était immense et à un bout il y avait un petit escalier en haut duquel était un potager. Le gardien du collège – celui qui ouvrait le portail lorsqu'on sonnait – s'occupait aussi du potager. Il faisait du jardinage et c'est le produit de ses plantations que nous mangions à table.

En général, on avait le droit d'aller au collège jusqu'à la quatrième. Jusqu'à onze ans. Après, c'était fini. Les plus intelligentes s'inscrivaient à des cours, pour devenir infirmière ou dactylo. Les autres avaient la possibilité de rester au collège jusqu'à dix-huit ans en s'occupant des plus petites. Elles faisaient le ménage des dortoirs, et il fallait que tout brille comme un miroir. Il faut dire qu'au Portugal, à ce moment-là (et encore maintenant d'ailleurs) on cirait tout. Les maisons avaient cette bonne odeur de vraie cire... Elle me reste dans les narines. Je ne l'oublierai jamais et moi aussi j'aime les meubles en bois massif qui donnent une impression de tradition séculaire.

Les grandes faisaient également la cuisine – on leur apprenait – tout comme elles étudiaient la couture en réparant les draps usés et les vêtements fatigués, rapés jusqu'à la corde.

Mais je n'ai pas connu ça, je n'ai pas eu à le vivre, puisque ma mère est venue me chercher à onze ans, juste à la fin de l'école obligatoire.

ON M'ENLÈVE DU COLLÈGE

Enfin j'ai vu arriver le jour de la sortie! Ce jour dont j'avais tant rêvé, que j'avais tant espéré... Six ans de ma vie s'étaient écoulés là... Six années à vide.

Je me souviens que ma mère est venue me chercher un 1er Novembre. Parce que c'était un jour férié et qu'elle ne travaillait pas. J'étais toute contente. D'autant plus heureuse que ma mère a eu beaucoup de mal à me sortir du pensionnat. La directrice, Madame Ester, trouvait que j'étais une fille intelligente et elle voulait me garder pour me permettre de continuer mes études gratuitement. Le pensionnat avait un mécène qui « protégeait » les classes. Ce monsieur était le patron du jardin zoologique de Lisbonne. Quand il lui semblait qu'une des filles avait « quelque chose en plus », il faisait tout pour qu'elle reste au collège afin de lui permettre d'avoir plus tard une situation.

C'est pour cela que la directrice a refusé de me laisser partir quand ma mère est venue me chercher. Elle disait : « Vous avez déjà assez de bouches à nourrir comme ça, il faut nous la laisser ici. Nous, nous en ferons quelqu'un. » Et ma mère répondait : « C'est ma fille, j'en fais ce que je veux! ».

Bien sûr, elle avait tous les droits – elle était ma mère – et elle m'a fait sortir de là.

Mon premier choc à la sortie – je ne l'oublierai jamais – ça a été de voir les vêtements des gens de la rue. Au collège nous avions une blouse à carreaux bleus et blancs. Tout à coup, je réalisais que je n'étais pas, mais alors pas du tout, habillée comme les autres... J'avais l'air d'une attardée. J'essayais de me dire que c'était bien, mais je savais que ce n'était pas vrai.

D'autant moins vrai qu'il y avait une fille de la ville, qui venait au collège pour prendre des cours, et je la voyais arriver habillée à la mode... J'aurais tout donné pour être comme cette fille. Elle sentait si bon... Pour moi, c'était quelque chose d'extraordinaire, quelqu'un qui utilisait de l'eau de Cologne! Et puis, elle avait une jupe comme Sheila, une jupe écossaise à plis... Vraiment, elle me fascinait. J'aurais tant aimé avoir cette allure là. Je me voyais comme ça...

Alors, quand j'ai vu ma mère arriver, je n'ai pas voulu sortir dans la rue telle que j'étais. J'avais des sandales ressemelées avec du pneu, des sandales trop grandes pour moi, et je trainais les pieds à cause de cela. Je portais une jupe à petits carreaux rouge foncé, pas vraiment rouges mais plutôt grenat, avec du vert dedans... Et puis une veste bien trop grande pour moi (je n'étais pas épaisse). On aurait dit – vraiment – une gitane. Je n'avais aucune forme, aucune allure... Sans exagérer, j'étais drôlement moche. Je me suis regardée dans une glace, et quand je me suis vue comme ça, j'ai eu honte.

J'avais imaginé beaucoup de choses dans ma tête lorsque je pensais à mon retour chez moi. J'avais tout préparé. Aux filles du collège j'avais raconté des tas d'histoires... Je leur disais : « Ne vous inquiétez pas... Quand je serai sortie, je ne vous abandonnerai pas. Je sais ce que c'est de rester cloîtrée ici... »

Comme s'il avait été en mon pouvoir de revenir les voir, de leur envoyer des colis, de les cajoler un peu... Comme si, au-dehors, je n'étais plus « la pauvre » mais quelqu'un, au contraire, de très respectable et à l'aise. C'était une forme de réhabilitation que j'essayais d'établir à leurs yeux. Mais je ne pense pas qu'elles m'aient cru un seul instant...

Ma mère est venue me chercher, et je constatai avec plaisir qu'elle s'était mise en habits du dimanche pour la circonstance.

Mais, au-delà de ce détail, notre rencontre ne fut pas – loin s'en faut – comme je l'avais imaginée. J'avais cru retrouver une mère, une vraie mère, une famille... Elle m'a ramenée, là ou nous habitions, dans un immeuble de la rue B. à Amadora. Elle m'a fait entrer la première...

Ils étaient tous assis autour de la table, les sept enfants : Virginia, l'aînée, puis Luciana, puis Emilia (je venais moi-même après Emilia), les jumeaux Manuel-Antonio et Marie-Antonia, José et Joào. Je m'installai parmi eux. Le plus jeune de mes frères, Joào, je ne le connaissais pratiquement pas. Quand je me suis approchée, il a refusé de m'embrasser. Je l'intimidais, puisqu'il ne m'avait jamais vue. Peut-être qu'il n'avait même jamais entendu parler de moi?...

Ma mère, en fait, a eu onze enfants mais elle en a perdu trois en bas-âge. J'ai longtemps eu l'impression de ne jamais voir ma mère autrement qu'enceinte! Mais je ne comprends pas qu'on ait autant d'enfants lorsqu'on est pauvre et qu'on n'a pas les moyens de subvenir à leurs besoins! On peut faire attention, non? Il me semble même qu'on le doit.

Quand je pense qu'une de mes sœurs, plus jeune que moi, a déjà mis au monde cinq enfants, alors que la vie est si dure aujourd'hui!

Au menu, ce jour-là, il y avait – comment ne pas s'en souvenir? – du riz avec des tomates et des poivrons accompagnés de poissons frits. Je me suis mise à table. Je les regardais tous, et j'avais honte. Mes frères étaient mal habillés : on aurait dit des gitans. Et encore, les gitans sont souvent mieux qu'eux ne l'étaient. Mon petit frère, par exemple, avait un short beige, déchiré aux fesses, et personne, semble-t-il, ne s'en préoccupait.

J'ai remarqué dans un coin de la pièce où nous mangions, un pauvre lit en fer. Quand est venue pour nous l'heure d'aller nous coucher, ma mère a mis un matelas par terre et elle a simplement dit : « Tu dormiras là, avec ta sœur »... Quand j'ai vu ça, j'ai ressenti un terrible ras-le-cœur, mon estomac s'est tordu et j'ai vomi tout mon repas. Sans rien dire, j'ai tout nettoyé et je me suis couchée.

C'est le lendemain que les vrais problèmes ont commencé. Ma mère était très dure avec ses enfants, avec tous ses enfants, pas seulement avec moi. Elle m'avait tellement manqué pendant ces six années que j'avais passées en pension. J'aurais eu tant de choses à lui dire, tant de questions à lui poser. J'aurais eu besoin de l'avoir un peu à moi, à moi toute seule. Elle n'a pas compris cela, alors.

En fait, elle n'avait guère de temps à nous consacrer. Très tôt le premier matin, elle est partie en me disant : « Je vais travailler, viens ici que je te montre ce que tu as à faire. Tu feras cuire les pommes de terre (elle disait « les patates ») et la morue pour le déjeuner. »

Ça ne m'a pas vraiment étonnée mais j'étais habituée au collège où je me lavais les mains avant de manger et je me mettais à table, servie par des filles plus âgées... Du jour au lendemain, m'entendre dire : « Prends un couteau et épluche les patates, puis tu feras la cuisine... »

Elle m'a indiqué en plus l'emplacement du balai et elle m'a demandé de ranger la maison. Je me suis dit : « Alors, j'ai quitté l'école pour faire la bonne à la maison... Moi qui n'avais jamais eu à faire çà. » Au fond, j'aurais préféré qu'elle me laisse là où j'étais. Je réalisais tout-à-coup que le collège n'avait pas été si terrible que ça.

Encore une fois ma mère me décevait! Après m'avoir séparée d'elle (alors qu'à cinq ans j'avais tellement besoin de sa présence), elle m'avait ramenée à ses côtés pour être sa servante.

Le matin, tout le monde est donc parti au travail, et moi je suis restée, toute seule, à la maison. Il n'y avait que le plus petit de mes frères que je devais garder parce qu'il était encore trop jeune pour aller à l'école. Mais comme il avait peur de moi – une étrangère pour lui – je ne pouvais pas l'approcher. Il était habitué à se promener et à jouer dans les terrains vagues du coin, vers des immeubles en construction (ou qu'on allait commencer à construire). Je ne le voyais pas de la journée.

Je me suis débrouillée comme j'ai pu. Quand ma mère est partie, je me suis mise à pleurer, à chialer à grosses larmes. Je n'étais encore qu'une enfant et j'étais anéantie de chagrin. Inutile de vous dire que dans cet état-là, je n'ai fait cuire ni les patates, ni la morue... Et d'ailleurs, je ne savais même pas comment il fallait faire!

Quand ma mère est rentrée pour déjeuner, j'ai reçu ma première correction. J'avais beau essayer de lui expliquer que c'était le premier jour, que je ne savais pas où étaient les choses, que je n'avais aucune notion de cuisine, qu'il fallait qu'elle m'apprenne... Rien n'y faisait. Et c'est à partir de là que ma mère a commencé à crier après moi tout le temps. Elle criait pour n'importe quoi.

Elle était très, très dure. Quand quelque chose ne lui convenait pas, c'était tout de suite les gros mots, et parfois les coups : moi, au collège, j'avais eu la chance d'apprendre des manières de se tenir que mes frères et sœurs ne connaissaient pas, ne comprenaient pas. Alors, arriver à la maison et voir tous mes frères et sœurs se lancer des gros mots à la figure, cela me faisait très mal.

Naturellement, avec mes raisonnements de gamine, je me suis dit : « Il faut que je fasse les choses que ma mère me demande, du mieux que je peux, pour lui plaire, pour récupérer son affection, pour qu'enfin elle m'aime! »

Et je me suis mise à faire le ménage à fond, à ranger la maison, à faire des petites choses « en plus », pour lui faire plaisir. Je m'occupais de tout puisque mes sœurs travaillaient au dehors. Peu après ma sœur aînée Virginia est partie avec son fiancé. Je me rappelle qu'elle a quitté la maison le

8 décembre... Le jour de la Fête des mères! Je ne suis pas sûre qu'elle n'ait pas choisi cette date sciemment...

Ma mère n'a pas tardé à réaliser que je m'étais bien adaptée aux travaux du ménage. Elle a vu que je les faisais parfaitement. Alors elle s'est dit : « Bon, puisqu'elle travaille si bien, je vais l'emmener avec moi et, ainsi, elle gagnera de l'argent en plus! ».

C'est comme ça que j'ai commencé à travailler, en nettoyant des bâtiments. Lorsque leur construction était entièrement terminée, il fallait enlever la peinture par terre, nettoyer les carreaux... Quinze jours après m'avoir sortie de l'école, ma mère m'avait déjà affublée d'un tablier, d'un foulard sur la tête (pour me protéger de la poussière) et elle m'avait mise au boulot.

Et moi, je pensais toujours : « Elle va être contente de moi, elle va m'aimer, puisque je vais lui rapporter de l'argent... »

Evidemment, je rêvais. Rien de tel n'a eu lieu. Pour elle, il paraissait normal que je rapporte un peu d'argent à la maison. J'aurais voulu l'entendre me dire : « Ma petite fille, je suis si heureuse de t'avoir avec moi... Enfin, je t'ai récupérée. Sois la bienvenue dans notre foyer. Nous t'aimons tous tendrement. Tu nous as beaucoup manqué pendant toutes ces années... » Tous ces mots doux qu'une maman dit à son enfant et que, moi, je n'ai jamais entendu.

Incroyable, mais pourtant véridique, je n'ai jamais appelé mes parents « papa » et « maman ». Pour moi ils n'avaient pas de noms. Encore moins de petits surnoms gentils comme on les invente quand on s'aime...

Et je vivais dans l'espoir d'un « Viens ma petite fille chérie, que je te donne un bisou! » J'avais attendu cela pendant six ans, et là, c'était encore pire. Qu'est-ce qu'on me donnait à la place? Le droit de travailler comme un âne et de rapporter de l'argent à la maison. C'était tout!

Peu après, ma mère est retombée malade, parce qu'elle n'avait pas été bien soignée. Je me suis retrouvée à la tête d'une maison qu'il fallait tenir et mener complètement. Avec quatre frères plus jeunes que moi et deux sœurs aînées qui partaient le matin et ne revenaient que le soir après avoir travaillé toute la journée. Il fallait alors que la table soit mise, que tout soit en ordre. Mes sœurs étaient exigeantes avec moi, très dures... Sous prétexte que je restais à la maison, elles pensaient que je passais mes journées à me promener. « Nous, nous travaillons! » disaient-elles, méprisantes.

Il fallait donc que tout soit fait, et bien fait, pour mes frères (parce qu'ils étaient trop jeunes pour m'aider) et pour mes sœurs (qui n'avaient pas le temps de faire quoi que ce soit à la maison). En plus du ménage et de la cuisine, il fallait que je prépare mes frères le matin, et que je les envoie à l'école. Je devais aussi amener son déjeuner à mon père à l'usine où il était jardinier car il ne mangeait que ce qui avait été préparé à la maison. Pas parce qu'il pensait que ce serait meilleur pour sa santé, mais pour une simple question d'argent. S'il était allé à la cantine, ça lui serait revenu plus cher que de manger une partie du plat que j'avais mis à cuire pour toute la famille.

Pour lui apporter sa nourriture, il fallait que je fasse six kilomètres à pied aller-retour, pour qu'il ait son déjeuner dans sa gamelle. Je lui apportais une grande gamelle parce que tout ce qu'il pouvait récupérer, il me le donnait à ramener. Il était le jardinier de l'usine alors il cueillait des fèves, des tomates... Ce n'était pas à proprement parler du vol... Simplement, il pensait à nourrir sa famille. Je lui apportais à manger et je repartais avec, dans ma gamelle, tout le nécessaire pour le dîner.

Un jour – je me souviens que c'était le Carnaval – j'ai trouvé mon père, au milieu des ouvriers de l'usine, déguisé en femme! Je me rappelle que cela m'avait beaucoup choquée parce qu'à la maison je n'avais jamais vu mon père s'amuser avec nous, ses enfants... Et là, il riait, il faisait rire les autres... J'avais l'impression de découvrir un autre homme!

Après cela, je rentrais à la maison pour finir ce que j'avais à faire : le linge à laver – bien sûr nous n'avions pas de machine! – le repassage... Il fallait bien que quelqu'un le fasse!

Quand mes sœurs rentraient vers sept ou huit heures, je finissais de ranger et je préparais le dîner.

Cette vie-là a duré un an. Et puis ma mère est ressortie de l'hôpital et elle a retrouvé sa maison. J'avais fait de mon mieux pour entretenir notre foyer, mais une gamine de douze ans, ça ne peut pas faire des miracles, tout de même! Alors il y avait des puces, quand elle est rentrée. J'avais essayé de faire tout ce que je pouvais, mais secouer le matelas, je ne pouvais vraiment pas y parvenir. Nous n'avions aucune commodité, pas d'aspirateur... Je me revois frottant le sol avec un savon jaune... Je me mettais à genoux et je frottais par petits morceaux... Mais il y avait quatre pièces et je ne pouvais pas toutes les faire tous les jours.

Quand ma mère est rentrée de l'hôpital, rien n'a changé pour moi. D'autant moins que mes sœurs avaient découvert qu'elles avaient une esclave pour leur samedi-dimanche. Elles se moquaient du reste, et elles avaient tous les droits puisqu'elles ramenaient de l'argent à la famille.

Ce qui aggravait encore ma peine, c'est que je me sentais mal dans ma peau. Je me trouvais moche, maigre... Les femmes portugaises, en général, sont plutôt bien roulées, bien en chair, et moi j'avais des jambes de sauterelle. Pas du tout des jambes comme celles que les hommes portugais appréciaient. Mes sœurs se fichaient de moi et j'avais honte de sortir, de me mettre en jupe... parce que je n'avais pas de hanches. Elles rigolaient, elles se moquaient effrontément de moi, et je n'osais rien faire, persuadée qu'elles avaient raison de rire ainsi.

J'avais espéré qu'avec le retour de ma mère les choses allaient rentrer dans l'ordre, que j'aurais moins de travail à la maison... Mais le docteur ne l'avait laissé sortir du sana qu'à la condition expresse qu'elle ne bouge pas, qu'elle en fasse le moins possible. Alors, ma mère est restée au lit et j'ai eu encore plus de travail : mon frère à amener à l'école, le déjeuner de ma mère, le repas de mon père...

Pour qu'il y ait moins d'histoires entre mes sœurs et moi, pour qu'elles ferment « leur bec », qu'elles cessent d'être des vipères, ma mère, qui était à la maison toute la journée, avait trouvé un truc : elle m'occupait du matin au soir. « Fais ceci, fais cela... ». Tout le jour, c'était ça. Pas étonnant alors que je me sois sentie inférieure, physiquement d'abord, mais aussi parce que je n'apportais pas d'argent au foyer. Je n'arrêtais pas de travailler, mais je n'étais pas rentable.

Lorsque le ménage était terminé, ma mère me faisait venir dans sa chambre pour faire de la dentelle avec elle. Comme elle n'avait le droit de rien faire, en tous cas pas de gros efforts, de frotter, de laver... alors elle faisait de la dentelle et elle la vendait ensuite, pour se faire un peu d'argent. Au Portugal, la dentelle est un art national.

J'ai commencé à l'aider lorsque certains jours elle n'arrivait pas à être dans les temps pour ses livraisons. Son jeu de napperons n'étant pas terminé, j'étais bien obligée de la seconder.

Il a fallu que j'apprenne à faire de la dentelle. Et quand je me trompais, immédiatement, elle me gifflait. Ce traitement, je vous le jure, est très efficace. On ne fait pas longtemps des erreurs à ce rythme-là!

En un an ou deux, j'ai dû apprendre à tout faire : tricoter, broder, faire la vaisselle, le ménage... Moi, qui n'était habituée à rien!

Petit à petit, la santé de ma mère s'est améliorée. Je me suis donc hasardée à lui expliquer que j'en avais assez d'être tout le temps à la maison, et que j'avais envie de gagner de l'argent, d'aider la famille, comme mes sœurs le faisaient... Je savais que cet argument-là ferait mouche. En fait, je mourais d'envie de voir du monde, de mettre enfin le nez dehors... et d'être moins commandée. De respirer!

Elle a finalement dit « D'accord ». Matériellement, la famille avait grand besoin des quelques sous que je pouvais ramener au foyer...

J'ai cherché du travail toute une après-midi. Il fallait absolument que j'en trouve. C'était une question d'honneur pour moi. Je ne pouvais pas rentrer bredouille : je ne voulais pas me sentir inférieure à mes sœurs. J'avais dit à tout le monde : « Bientôt, je gagnerai plus que vous! ».

Je ne savais pas comment j'allais y parvenir, ni même ce que j'allais faire, mais c'était vrai : je voulais à tout prix gagner plus d'argent que tous les membres de ma famille. Je n'avais pas réussi à me faire aimer en travaillant pour eux, j'espérais être mieux considérée en ramenant beaucoup d'argent.

Comme je pouvais être naïve... Là encore l'argent n'a rien changé. Aujourd'hui que je gagne bien ma vie et que j'essaye d'aider les miens, la situation ne s'est en rien améliorée entre eux et moi. J'ai, au contraire, l'impression parfois de n'être rien d'autre pour eux qu'un porte-monnaie. Je ne me sens toujours, ni leur fille, ni leur sœur bien aimée... C'est là mon destin, il faut que je me fasse une raison. Je ne sais pas si j'y parviendrai jamais...

J'AI 13 ANS, J'ENTRE EN USINE

J'ai finalement trouvé du travail dans une usine de tapisserie. Je me suis présentée et comme j'étais assez grande – il fallait avoir quatorze ans pour qu'on ait le droit de vous engager... – j'ai menti. Lorsqu'on m'a demandé mon âge j'ai dit : « 14 ans ».

Le chef du personnel a acquiescé : « D'accord, mais, viens demain avec tes papiers. »

Je me suis présentée le lendemain matin et aussitôt – c'était normal – les employés du bureau m'ont demandé mes papiers. Je me suis excusée et j'ai fait semblant de les avoir oubliés. Ça a duré quinze jours comme ça. Jusqu'au jour où j'ai été appelée au bureau du patron.

Ce métier me plaisait beaucoup. C'était, d'une certaine façon, un métier d'artiste, déjà. Je faisais des choses comme je n'en avais jamais vues auparavant à la maison : des beaux tissus, des matières brodées... tout en soie.

J'avais appris très vite, et, au bout de quinze jours, quand on m'a appelée je connaissais déjà bien mon travail. Aussi quand il m'a dit : « Maintenant ça suffit Téolinda, je veux savoir la vérité. Quel âge as-tu? », je me suis écroulée en larmes et je lui ai avoué que je n'avais pas quatorze ans.

Ma peine a dû le toucher car il m'a répondu : « Bon, écoute, tu es un élément sérieux et on va te garder. Mais ne dis rien à personne, sans cela nous serions obligés de te renvoyer. »

De ce fait, chaque fois que quelqu'un venait visiter l'usine ou arrivait dans le bureau, j'étais obligée d'aller me cacher dans les toilettes! Mais j'avais, pour la première fois de ma vie, rencontré des gens qui se montraient gentils envers moi, qui me comprenaient.

Ils avaient vu que j'aimais bien mon métier. Et d'ailleurs, dès la première année, j'ai eu une prime à la production parce que j'avais réalisé un travail bien fini. J'ai toujours aimé bien faire les choses. D'abord pour plaire, mais aussi pour me sentir l'égale des autres. Toujours ce sentiment d'infériorité qui me dévorait...

Dans cette usine, pour la première fois, j'ai trouvé des gens qui ont fait l'effort de me traiter en être humain. Le directeur prenait toujours mon parti. Et c'est là que j'ai commencé à me faire des amies.

La première, je m'en souviens très bien, s'appelait Linda. C'était Diolinda et moi Téolinda. Déjà sur ce thème là, nous nous comprenions. Elle avait des problèmes à propos d'un garçon et elle me demandait conseil... A moi qui ne savait rien des hommes, ni de l'amour!

Mais ce fut ma première amie. J'aimais me sentir suffisamment importante à ses yeux pour qu'elle éprouve le besoin de me demander mon avis. Elle était dans une situation difficile, pas financièrement mais sur le plan affectif, et c'est à moi qu'elle faisait confiance, qu'elle faisait appel.

Dans cette usine, à la fin de la première année, je gagnais plus que mon père. C'est moi qui rapportais à la maison la plus grosse paye. Pour moi, c'était formidable, j'avais tenu ma parole.

Mais je ne voyais pas un seul centime de cet argent. Et je

n'arrivais pas à admettre ça. Je travaillais, je gagnais ma vie et je n'avais pas droit à un seul sou pour moi! Ma mère aurait peut-être dû essayer de me faire comprendre le pourquoi des choses. J'avais un caractère très sensible et il me semble qu'il y a eu un grand manque d'intelligence de sa part : nous aurions été plus unies, si elle s'était montrée un tout petit peu compréhensive vis-à-vis de moi.

Mais mes parents n'expliquaient rien. Jamais.

Un jour, j'avais eu une prime et en sortant de l'usine, comme j'avais faim, je suis entrée dans une boulangerie. J'ai acheté un gâteau. Ça m'avait coûté à peine un escudo. Peut-être dix centimes d'aujourd'hui...

Seulement, à la maison, il fallait aussi donner les fiches de paye. Et comme il manquait un escudo, j'ai reçu une dérouillée.

Je ne peux pas pardonner à ma mère. J'écris ce livre avec l'espoir que quelqu'un le lira à ma mère (puisqu'elle ne sait pas lire elle-même) et qu'il y a alors des choses que, peut être, elle comprendra. J'ai travaillé toute ma vie. Au collège d'abord, pour lui faire plaisir, ça n'a rien donné. J'ai, ensuite, fait la bonne pour tout le monde, toujours pour lui plaire, mais cela n'a servi à rien. Après, j'ai voulu gagner de l'argent, et plus que tous les autres, pour qu'elle me trouve enfin une qualité... en vain.

Jusqu'à la soupe populaire que j'allais chercher pour toute la famille à six kilomètres de là, lorsque ma mère était malade. En plus des travaux de la maison, il fallait que j'y aille à pied tous les dimanches. Avec une gamelle pour dix personnes! On recevait la soupe et trois pains. Mes sœurs estimaient que, comme elles travaillaient la semaine, elles n'avaient pas à y aller... Et comme elles commençaient à avoir des garçons qui leur tournaient autour, elles auraient jugé déshonorant qu'on les voit aller à la soupe populaire. A moins qu'elles n'aient un rendez-vous avec un garçon, auquel cas elles faisaient semblant de venir chercher la soupe avec moi, et elles me plaquaient, aussitôt dehors.

Parfois, on me donnait un franc pour prendre la camionnette. J'allais à pied et pour revenir, de temps en temps, j'avais le droit de prendre la camionnette. Il fallait que je traîne tout ce poids et ça me faisait mal... Je ne sais pas si vous avez jamais vu un panier portugais. C'est très grand, en paille... J'avais mal aux mains de le porter et il me griffait les jambes...

Quand j'arrivais à la maison, si par malheur j'en avais renversé un petit peu qu'est-ce que je recevais! Evidemment, on me disait que je ne savais rien faire et c'étaient les insultes... Affreux.

A partir du moment où j'ai été à l'usine, ma mère est restée à la maison. Elle était guérie mais elle gardait tous les travaux importants pour le dimanche et le samedi. En semaine, nous travaillions tous, mais dans le week-end, on faisait le grand nettoyage!

Là, on s'y mettait toutes. En fait, il y avait deux travailleuses et les autres étaient des fainéantes. Luciana et moi, nous faisions tout tandis que les autres... Nous étions sûrement plus femmes d'intérieur qu'elles.

Je sais très bien pourquoi je faisais cela sans râler : je ne voulais pas que mon père se mette en colère. Lorsqu'il s'énervait, il n'y avait pas de demi-mesure : il frappait. Alors pour qu'il ne nous batte pas, mes sœurs et moi, nous faisions toujours tout. Elles profitaient largement de ma faiblesse.

Je suis restée longtemps dans cette usine. Je faisais un travail très minutieux sur machines. Quand on devait envoyer un échantillon à un client, on disait « on va le donner à faire à Linda ». J'aimais bien ça, parce que ça me mettait un peu en valeur, et je n'avais jamais été habituée à cette sorte de sentiment.

Un jour, tout le monde est tombé d'accord pour demander une augmentation. Seulement personne n'osait aller la réclamer! Alors on m'a envoyé en éclaireur. J'ai toujours aimé avoir des responsabilités. Je suis allée voir le directeur et nous avons été augmentés.

Je lui avais présenté la chose d'une façon tellement naïve... Je suis arrivée, je lui ai dit : « Voilà, nous estimons que le travail que nous faisons à l'usine... ceux d'à côté gagnent plus d'argent à l'heure. Ils ont déjà tant, alors que nous nous n'avons que... » C'était clair et net. Ça a marché.

A la maison, c'était la même chose. Lorsqu'il y avait un papier à demander ou à porter, c'est toujours moi qui m'en occupais. Je crois que j'aimais avoir des responsabilités pour cet éternel motif qui me poursuit toujours : plaire, être la meilleure...

Physiquement aussi, par rapport à mes sœurs, je n'osais pas être moi-même. J'aurais voulu leur ressembler. Je ne me rendais pas compte que j'étais moi, un point c'est tout. Maintenant, je suis plutôt fière d'être comme je suis. Aujourdhui, ce sont mes sœurs qui sont complexées par rapport à moi, je m'en rends compte. Je ne le dis pas avec prétention... Je constate un état de fait.

J'ai l'impression qu'à partir du moment ou je faisais les choses bien, avec une certaine facilité, on a tout fait pour me complexer. Et on a réussi, au-delà de toute imagination!

A l'usine, il fallait quand-même que j'essaye de m'arranger un peu. Ma mère s'en occupait. Evidemment ce qu'elle me mettait sur le dos n'avait rien à voir avec ce que portaient mes copines... Elle achetait du tissu et elle faisait des robes ou des vêtements pour nous. Nous n'avions pas beaucoup de moyens et nous étions cinq filles et trois garçons. Je ne reproche pas à ma mère de n'avoir eu que peu la possibilité de nous vêtir. Je lui en veux de ne pas nous avoir offert le peu qu'elle pouvait nous donner avec amour. Elle aurait pû nous dire : « Ecoutez les filles, vous travaillez, mais nous avons besoin de cet argent pour la maison... » Et nous aurions compris, c'est sûr.

Elle achetait dix mètres de tissus de « chita ». C'est une sorte de coton très fin, comme celui qui sert à faire les rideaux de cuisine.

Qu'est-ce que je pouvais souffrir au moment des

essayages... Ma mère commençait par mes sœurs et tout tombait toujours très bien sur elles. Quand arrivait mon tour, c'était l'horreur. Ma mère disait : « Aie, cette mona-mona – cela signifie " cette poupée de chiffon " – je n'ai que des problèmes avec elle... »

Et, c'est vrai, que je n'étais pas pareille que les autres. Il fallait donc qu'elle se débrouille autrement, puisque moi j'avais l'air mal fichue par rapport à elles!

Comme j'avais les cheveux longs, elle criait : « Enlève çà! ». Elle était tout le temps en colère après moi. Et elle me faisait peur. Je ne me sentais bien que lorsque je partais à l'usine. Quand arrivait le soir, j'avais une peur terrible de rentrer chez moi. Je me demandais tout le temps dans quel état de colère j'allais trouver ma mère. Est-ce qu'elle allait être détendue ou est-ce qu'elle allait m'engueuler, comme c'était le cas le plus souvent? Est-ce qu'elle allait trouver un prétexte pour me faire croire que j'avais encore fait quelque chose de mal? Je vivais dans la peur.

Le temps a passé et, aujourd'hui, lorsque je revois ma mère, je n'ai certes, plus peur d'elle, mais l'affection n'est pas revenue pour autant. Je me sens un devoir de l'aider, parce qu'elle est ma mère, envers et contre tout, mais je ne parviens plus à l'aimer comme on peut aimer une mère. Non, je ne l'aime plus et elle le sait.

LA MAISON FABRIQUÉE PAR MON PÈRE

Lorsque ma mère est tombée malade pour la deuxième fois, mon père s'est dit : « Nous ne pouvons pas rester dans cet immeuble. » Il n'avait plus assez d'argent pour payer le loyer. Alors il a trouvé un terrain, toujours à Amadora, sur lequel il y avait beaucoup de baraques. Une sorte de « bidonville »... Et là, il a construit une maison de bois. J'avais treize ans quand on a déménagé. Mon père a loué le terrain et il a construit de ses propres mains la maison. Il savait tout faire.

Cette maison, nous l'avons donc bâtie à Amadora. Je crois que le loyer de ce bout de terre, plein de cailloux, s'élevait à trois cents escudos à peu près. Ce qui fait à peu près trente francs actuels par mois.

Pendant des mois nous avons tous et toutes passé nos samedis et nos dimanches à travailler dur pour participer à la construction de la maison. Tout le monde s'y était mis sous la direction de mon père qui était très adroit comme je l'ai déjà dit. Mais je me souviens que nous avions si peu d'argent que nous avons déménagé nous mêmes, à pied, en portant les meubles et nos affaires, et alors que le toit de la maison n'était même pas encore construit. Heureusement que nous étions en été : mon père était un homme organisé!

Je me rappelle comment nous nous passions les tuiles, les planches, les clous. Ce chantier, ce fut beaucoup d'efforts, mais ça reste pour moi un bon souvenir.

Qu'est-ce que j'étais gênée dans cette maison de bois au début! Moi qui aime bien me laver, j'étais follement malheureuse. Je prenais une bassine d'eau mais je ne savais pas où me cacher pour me laver. Dès que j'entendais des pas, je me mettais à crier : « Ne rentrez pas! Ne venez pas! »...

Dans cette maison, il y avait quatre pièces. Mon père les a toutes fabriquées. Il était absolument capable de faire n'importe quoi avec ses mains, même de réparer les chaussures. Quand on les achetait, il fallait qu'elles durent longtemps. En guise de semelles, mon père mettait du pneu. Nous, nous grandissions, mais je vous garantis que les chaussures, elles, ne bougeaient pas!

En semaine, j'allais donc toujours à l'usine, et le week-end, grands et petits, aidaient mon père. Le terrain était plein de pierres. Nous étions chargés de les enlever, de les ramasser. Vous n'imaginez pas le nombre de petits seaux que nous avons retirés de la terre, pendant que les autres filles allaient au bal!

De toute façon, nous n'avions jamais le droit de sortir pour aller au bal. Ma mère ne faisait de dérogation qu'au mois de Juin, au moment de la Fête des Saints. L'équivalent de la Saint Jean ici. Chez nous, c'est une grande fête populaire. Ma mère, alors, nous accompagnait au bal. Je la revois, assise sur sa chaise, et nous surveillant, les bras croisés sur sa poitrine...

Tout le monde venait à ce bal. Il y avait un orchestre qui faisait danser... Mais nous, il nous était interdit de danser avec les garçons! Ma mère ne nous quittait pas des yeux!

Elle nous interdisait aussi de nous mettre en maillot de bains quand nous allions à la plage. Au retour, elle vérifiait bien que nous n'avions pas la marque du maillot!

A la maison, en plus, il fallait aller laver le linge à la rivière parce qu'au début nous n'avions pas l'eau à la maison.

Par la suite, mon père a creusé un puits. Non seulement il savait tout faire de ses mains (sans jamais avoir appris), mais il était en plus très courageux. Très vaillant.

Je m'aperçois que je ne parle pas beaucoup de lui... C'est pourtant la personne au monde que je regrette le plus aujourd'hui. Il était très dur avec nous mais, maintenant que je ne l'ai plus, je pense souvent à lui.

Je sais, je suis sûre, qu'il m'a pardonné tout ce que j'ai pu faire par la suite. Qu'il a compris que tout ce que je tentais, c'était toujours dans l'espoir de me faire aimer.

Je n'en parle pas beaucoup parce que je n'ai pas grand chose à dire sur lui. Tout ce qui a pu se passer, entre lui et nous, à la maison, c'était toujours à cause de ma mère...

Quand quelque chose ne lui plaisait pas, elle se mettait à gueuler, à hurler... jusqu'à ce que mon père nous frappe. Quand on recevait une bonne « rouste », elle se taisait enfin. Alors, poussé par ma mère, il se sentait obligé de nous taper dessus.

A cette époque-là, mon père était un homme débordé par les événements. Il était fatigué par son travail, il n'avait pas d'argent pour que nous puissions vivre décemment... Et, en plus, il avait une femme qui râlait tout le temps, qui hurlait à longueur de journée.

Quand j'y repense, je me dis que ma mère s'est peut-être vengée sur nous de son enfance malheureuse, de sa jeunesse miséreuse. Elle était dure avec nous parce qu'on l'avait élevée elle-même de cette façon et comme elle n'a pas eu une adolescence heureuse, elle ne parvenait pas à se sortir de ses souvenirs.

C'est une façon d'agir que je ne parviens pas à comprendre : moi, je veux donner à mon fils tout l'amour du monde. Je l'aime plus que tout.

Nous n'avions pas le droit de lire... Et cette chose insensée avait une raison : ma mère ne savait pas lire et elle voulait savoir ce que nous lisions! Ça allait jusque là! En fait, nous n'avions le droit de rien faire... sauf de travailler.

Et quand les garçons ont commencé à nous courir après, elle envoyait mes frères nous chercher à notre travail. Si, par hasard, elle nous trouvait avec un homme, qu'est-ce que nous prenions en rentrant à la maison!

Quelque temps après, mon père a commencé à être un peu fatigué. Il avait un problème d'intestin et cela l'a obligé à cesser son travail à l'usine. Du coup, il est resté à la maison et il a cultivé le jardin. Il faisait pousser des pois chiches, des fèves, des tomates... Des tomates énormes, juteuses... Des salades, du maïs...

Pour la première fois, nous ne manquions plus de rien. Nous avions à manger à notre guise. Il y en avait même beaucoup trop pour nous tout seuls. Alors, il a commencé à vendre l'excédent. Au début, il donnait aux voisins, mais, très vite, ma mère a réalisé le profit que nous pouvions tirer de ces cultures. Elle s'est dit : « Pourquoi ne pas vendre ces légumes comme nous vendons déjà le lait? ». Car nous avions une vache.

Elle avait raison : ça nous faisait des sous.

Très rapidement, nous n'avons plus été en mesure de répondre à toutes les demandes qui nous parvenaient : notre production était limitée! Alors mon père a pris sa charrette, il a acheté un bourricot à des Gitans et, pour ne pas perdre les occasions que nous avions de vendre des légumes, il se rendait chaque matin à 5 heures aux halles avec ma mère, pour en acheter d'autres qu'il revendait aux voisins.

Et c'est comme ça qu'il a fini par créer ce petit commerce, qui nous a permis tout doucement d'avoir un peu d'argent d'avance.

Mon père était très aimé à Amadora. Les gens l'appelaient « Tonton Antonio » et, pour blaguer, à cause de sa charrette tirée par le bourricot, on le surnommait des fois le taxi d'Amadora!

MA PREMIÈRE FUGUE

Un jour, un de mes cousins est venu s'installer chez nous. A Beringel, il n'avait aucun avenir et sa mère – la sœur de ma mère – avait demandé à ce qu'il vienne passer quelques mois chez nous, parce que nous étions près de Lisbonne. Il était l'aîné de sept enfants. En venant chez nous il avait l'impression d'aller « chez des gens de la ville ». Car lorsqu'il arrivait à ma mère de retourner à Beringel, elle leur racontait qu'elle vivait « à la ville », elle les épatait en leur parlant sans l'accent du patelin...

Ma mère a accepté mon cousin, et elle l'a accueilli exactement comme un de ses enfants : c'est-à-dire sans manifester le moindre signe d'affection. Mon cousin a très vite compris à quel point je souffrais de ce manque de tendresse de la part de ma mère, de sa méchanceté parfois. Un jour il m'a dit : « Je veux rentrer au village. Si tu partais là-bas avec moi? »

Je l'aimais beaucoup et la tentation était grande de fuir cet univers peu attrayant. Nous sommes partis.

Pour moi, Beringel semblait être au bout du monde. Je pensais que c'était si loin que jamais ma mère ne pourrait nous retrouver... Que jamais elle ne viendrait me chercher jusque-là. Pourtant ce n'était qu'à 170 kilomètres de chez nous! Quand je pense aux milliers de kilomètres que je fais en voiture chaque année en tournées cela me semble si dérisoire tout à coup!

Quand nous sommes arrivés chez lui, ma tante nous a plutôt bien accueillis. Tout le village a cru que nous étions ensemble. Il s'en est d'ailleurs vanté, en bon macho portugais qu'il était. Avec le recul, je me dis que si au moins cela avait été vrai... Tant qu'à faire, il vaut mieux profiter des situations de ce genre, non?

Le lendemain, j'ai vu débarquer mes parents. Je me suis dit : « Ils vont me tuer... Je vais recevoir la dérouillée de ma vie... ». Ils m'ont ramenée à la maison et le cousin est resté dans son pays. J'ai eu beaucoup de peine en le quittant, parce que lui aussi faisait partie de ces rares personnes qui me montraient de l'affection. Je sentais que pour une fois quelqu'un m'aimait.

Connaissant le caractère de ma mère et celui de mon père par enchaînement, ma grand-mère est rentrée avec nous. Nous avons pris la camionnette et le bateau pour rentrer.

Je n'ai jamais su s'ils étaient venus me chercher parce qu'ils tenaient à moi ou simplement pour le qu'en dira-t-on. C'est pour cela que ma peine est si forte. Je ne sais pas si mon père m'a aimée, si ma mère a tenu à moi... Ils n'ont jamais rien exprimé de ce genre. Moi, j'ai aimé mon père. Et je sais que si je suis aujourd'hui ce que je suis, c'est un peu aussi pour lui, et peut-être grâce à lui.

Autrefois, à Lisbonne, il n'y avait pas de pont sur le Tage. Alors, on devait prendre le bac pour traverser le fleuve.

Dans le bateau je n'avais qu'une envie : sauter à l'eau. Mais le fleuve était tellement profond... Je voulais me tuer, mais en même temps j'avais très peur de mourir. C'est un sentiment que je ne souhaite à personne de connaître.

Aussitôt arrivés à la maison, les insultes maternelles ont commencé. J'avais de plus en plus peur. Je savais bien comment cela finissait généralement. J'ai à peine eu le temps de pénétrer dans la baraque, de m'asseoir sur mon lit pliant, que mon père est entré avec un parapluie. Il s'est mis à taper, taper, de toutes ses forces... Je ne sentais plus rien au bout de quelques minutes. Je ne voyais plus rien... Jusqu'à ce que ma grand-mère arrête son bras. J'avais la tête pleine de bosses et un liquide coulait de mon crâne.

J'en suis tombée malade. Pour qu'ils payent le mal qu'ils venaient de me faire, j'ai fait croire que j'étais vraiment très malade. Comme au collège, à force de vouloir être malade, je me suis mise à avoir de la fièvre, à avoir mal à la gorge... Et je me suis retrouvée à l'hôpital où on m'a opérée des amygdales!

J'avais voulu me venger... comme au collège, le jour où j'ai fait croire que je m'étais cassée le bras. Seulement là, on avait vu tout de suite, en me faisant une radio, que je n'avais rien! Et on m'avait fichue hors de l'hôpital. Encore une fois, j'avais voulu que les gens s'intéressent à moi...

RETOUR À L'USINE

Et puis la vie a repris son cours. Amadora n'avait pas changé. C'était toujours la même petite ville un peu triste, avec ses immeubles, ses avenues bordées de marronniers, ses cabines téléphoniques blanches et rouges, ses taxis noirs à toit vert, le square où je ne savais pas encore que j'irais offrir à mon fils des tours de balançoire à un escudo. Je suis retournée dans mon usine de tissus. Je m'occupais à nouveau de mes machines, des rouleaux, des fils, des mailles, de la trame. Il y avait vingt-quatre machines différentes et je touchais à toutes. Avec les primes de rendement, je l'ai dit, je gagnais plus que mon père. Il y avait un compteur sur lequel on relevait les numéros en début et en fin de journée. Selon les chiffres obtenus, on avait droit à une prime et moi je voulais cette prime à tout prix. Je suis incapable de dire aujourd'hui si cette volonté qui m'a toujours habitée, d'être la première partout, est bien ou mal... C'est peut-être de la prétention... Peu importe. Sans cette volonté-là, je n'aurais sans doute rien fait de ma vie.

La seule personne que je n'aie jamais réussi à battre, sur le plan de rendement, c'était une femme que nous appelions

« la boulangère ». Elle avait cinquante ans et elle travaillait là depuis près de vingt ans.

Pour aller à l'usine, je me levais à cinq heures du matin, je préparais ma gamelle... (Il ne fallait pas compter sur ma mère pour le faire à ma place). Mais je faisais semblant auprès des copines : « Ah! Voyons ce que ma mère m'a préparé aujourd'hui... ». J'en ai inventé des choses pour me donner l'impression que j'étais une fille « comme les autres ». Est-ce cela qu'on appelle la mythomanie? Peut-être. Le mythomane invente des choses auxquelles il finit par croire. Je pense qu'à force d'inventer et de croire, c'est comme ça que j'ai franchi les obstacles qui se sont présentés sur ma route. Tout ce que j'ai eu en tête, tout ce que j'ai rêvé a toujours fini par arriver... J'ai rêvé pendant des années que je serais un jour à l'Olympia... et en blanc. Je m'y suis retrouvée l'hiver dernier... en robe blanche.

Lorsque je quittais la maison, j'avais à peu près une demie heure de route. Et l'hiver, quand il faisait noir, j'avais terriblement peur, je courais... Ce qui fait que j'arrivais toujours en avance.

Mais comme les choses continuaient à aller mal à la maison, je voulais m'éloigner et partir travailler à Lisbonne. Pour cela, il fallait que je prenne le tramway et que j'aie quelques sous pour mon billet. Or, je n'en avais jamais, puisque je donnais tout à mes parents.

Je me suis donc faite engager dans une autre usine de tissus où l'on m'offrait davantage d'argent. En entendant ce détail, ma mère – bien entendu – a été d'accord pour que j'aille à Lisbonne.

Au bout de trois-quatre mois là-bas, comme je me sentais bien, j'avais tout à coup une telle impression de liberté!

A notre usine, à l'heure du repas nous nous retrouvions toutes au réfectoire. Et de temps en temps, les copines disaient : « Téolinda, chante nous une chanson! ». Et je ne me faisais pas prier! Je chantais des chansons à la mode, je faisais même des imitations de chanteuses connues. Je me rappelle que j'avais fait une fois une traduction en portugais de la chanson qui avait gagné l'Eurovision, la chanson de Sandie Shaw « Comme un tout petit pantin ». Je composais déjà. Et je me plaignais dans mes chansons de tout ce qui me faisait mal dans la vie. Puis quand j'ai eu mon fils, j'ai fait des chansons sur mon fils...

A part ça, le directeur de l'usine avait deux enfants, qui aimaient bien venir jouer avec moi. Ils devaient avoir 7 et 9 ans. Une fois, pour le carnaval, je m'étais déguisée, et je les ai déguisés aussi. Nous faisions des clowneries dans la cour et j'ai vu tout à coup que le directeur nous regardait derrière ses fenêtres. J'en ai eu honte : j'étais ouvrière, mais encore une enfant moi-même...

Pendant toute ma jeunesse, vous devez savoir que je ne suis jamais allée voir un chanteur au Portugal, ni même au théâtre, ni aux corridas. Je suis peut-être allée deux ou trois fois au cinéma, c'est tout. Nous n'avions pas les moyens. J'écoutais seulement la radio.

J'ai découvert le spectacle en en faisant moi-même! Et j'ai découvert les chanteuses et les chanteurs ici en France après que je sois devenue chanteuse moi-même. Car auparavant, avec mon fils à charge je n'avais pas les moyens de m'offrir le music-hall.

Malgré ça, dans la famille j'ai toujours été dans une ambiance de musique. Mes parents chantaient déjà très bien. Mes deux frères chantent le fado admirablement. Et quand, au collège, il y avait des visites de personnalités, la directrice nous faisait venir, ma sœur et moi, dans son bureau, et nous chantions à deux voix des airs du Sud que nous avions appris dans les champs. Oui, chanter pour moi, c'est de famille. C'est peut-être de vivre au soleil... Et puis la chance est tombée sur moi. Pourquoi? qui pourrait le dire?

A la morte saison, nous avions moins de travail et on nous donnait quelques heures pour nous. Un jour, avec une copine, nous avons décidé de sortir plus tôt puisque nous n'avions rien de spécial à faire. Et nous sommes allées nous balader au square. Il y avait une balançoire... Nous étions comme deux gamines, heureuses, qui s'amusaient, qui ne pensaient pas à mal...

Manque de chance, c'est justement ce jour-là que ma mère est venue à Lisbonne pour faire des courses. Elle s'est dit qu'elle allait me faire la surprise de venir me chercher, pour rentrer avec moi... A la porte de l'usine, au moment de la sortie générale, on lui a dit que j'étais déjà partie depuis longtemps.

Alors, elle a eu l'idée de venir m'attendre à l'arrêt du tramway. Au Portugal, nous les appelons des « carros electricos ». Ils roulent sur des rails, ils sont jaunes... J'en ai vu de semblables en Suisse au cours d'un voyage... Elle se doutait bien que j'allais agir exactement comme si j'étais sortie à l'heure de l'usine et que j'allais prendre le même tram qu'à l'habitude pour qu'on ne remarque rien chez moi.

Quand je suis arrivée à mon tour, je n'ai pas eu le temps de réaliser sa présence que déjà elle me couvrait d'injures. Elle hurlait dans la rue : « Tu es une putain! A 16 ans, ma fille est une putain! C'est pour cela que tu as voulu venir travailler à Lisbonne! »

Je ne savais plus où me mettre. J'étais rouge de honte, de chagrin... Je ne savais même pas ce que voulait dire le mot « putain ». Le manque de liberté peut parfois pousser à faire des bêtises, mais moi, je n'avais même jamais embrassé un garçon! Je ne savais rien de la vie. Je n'avais jamais mis le nez dehors. Je ne comprenais pas ce qu'elle me voulait : je n'avais rien fait de mal. Mais je sentais confusément que ce mot-là était un vilain mot et il me blessait.

Je me suis effondrée en larmes. Dans le tram, on ne regardait que nous. Ma mère hurlait tellement qu'à la fin, un policier qui se trouvait là, l'a prise à part et lui a demandé d'aller crier ailleurs, de choisir un autre endroit pour régler ses comptes.

« Quand vous serez chez vous, vous ferez ce que vous voudrez, lui a-t-il dit, mais ici vous êtes dans un endroit public et nous avons droit au calme. »

Bien sûr, pendant le voyage, elle m'a menacé de tout dire à mon père, ce qui signifiait la ceinture, les coups... J'étais terrorisée. « Tu vas voir ce que tu vas recevoir » me soufflait-elle, pleine de haine.

L'autre rouste était encore toute fraîche dans ma mémoire et dans mes os. Je l'ai suppliée de ne rien dire. Elle a finalement accepté de se taire mais en utilisant le chantage : « Je me tairai, mais tu as intérêt à faire tout ce que je te demanderai... »

Effectivement, elle n'a rien dit. Ma soirée en conséquence devint un enfer. « Fais-ci, fais-ça... » Elle me tranforma en domestique : la vaisselle, la cuisine, le ménage... J'ai tout fait en silence.

LA DEUXIÈME FUGUE

Mais, le lendemain, lorsque j'ai vu que tout cela allait recommencer, je me suis dit que ce n'était plus possible. Que je ne pouvais plus rester, comme ça, à sa merci. J'ai attendu que ma mère parte avec mon père, pour s'occuper des cochons (ils faisaient le tour des usines pour récupérer les restes) et j'ai voulu mettre fin à mes jours. Cela avait assez duré.

J'ai pris la ceinture de ma robe jaune, celle qui n'avait pas de manches et des boutons au milieu, et je l'ai passée autour de mon cou. Mais – c'est le cas de le dire – j'ai manqué d'air. Je n'en ai pas eu le courage. J'ai renoncé. J'ai préféré partir, tout quitter.

J'ai tout laissé. Je n'ai rien emporté avec moi et j'ai pris la route. Comme je n'avais pas un sou, je suis allée voir la boulangère et je lui ai demandé de me prêter cinq escudos pour que je puisse prendre le car et aller travailler. J'ai prétendu que ma mère avait oublié de me laisser de l'argent, le matin, avant de partir...

« Elle vous les rendra! » ai-je promis.

Bien entendu, la boulangère m'a prêté cette somme. Je

n'ai pas pris le car pour autant. J'ai marché, marché jusqu'à la gare d'Amadora, puis en suivant les rails du chemin de fer, de gare en gare. Je continuais à marcher.

Je pensais encore au suicide. Je songeais à me jeter sous un train... En même temps, je me disais qu'il y avait tant de wagons, de compartiments... Si tout cela devait me passer sur le corps! Aujourd'hui, ce genre de réflexion me fait rire, mais je vous assure qu'à ce moment-là, je n'avais pas le cœur à plaisanter. Je pleurais, je pleurais... Je marchais en larmes.

Je suis enfin arrivée à Lisbonne. Je me suis retrouvée – je ne sais pas comment – devant une grande brasserie. Je ne savais ni quoi faire, ni où aller... J'étais désespérée.

C'est alors qu'un monsieur s'est approché de moi.

« Une belle fille comme toi, ne doit pas pleurer, » m'a-t-il dit gentiment. Belle? On ne m'avait jamais fait un tel compliment. Il se moquait de moi? Je me dis aujourd'hui que, crédule comme je l'étais, j'aurais pu tomber sur quelqu'un qui aurait abusé de moi facilement. J'étais dans un tel état!

Mais, en levant la tête, j'ai vu un monsieur de 55 ans qui aurait pu être mon père. J'ai eu confiance en lui. Je lui ai tout avoué : que je m'étais enfuie de chez moi, que je fuyais ma mère trop dure avec moi, mon père qui ne me comprenait pas et qui me battait, que j'avais peur de rentrer chez moi...

L'homme venait du même coin que nous, dans le sud du pays. Il avait un bon accent et je me suis sentie à l'aise avec lui.

Aussi, quand il m'a proposé de venir chez lui et d'aider sa femme dans les travaux du ménage, je l'ai suivi sans méfiance. Il était dans l'administration et il avait un fils qui finissait ses études de droit. Il a expliqué à sa famille qu'il ne pouvait pas me laisser partir comme ça, et je suis restée, sans problème.

Ils m'ont donné le conseil suivant : « Si tu veux qu'on ne te retrouve pas, ne bronche pas. Ne te signale d'aucune façon. » Ils avaient raison. C'est ce que j'ai fait et les jours ont passé, sans que j'aie de nouvelles de ma famille. Selon toute apparence, personne ne s'inquiétait de moi puisqu'il n'y avait aucun avis de recherche dans le journal.

Quelques jours avant de partir, j'avais dit à ma mère que si elle parlait à mon père, je me tuerais. Je suis certaine que c'est à cause de cette menace qui pesait dans l'air, que mes parents n'avaient pas réellement amorcé de recherches. Pendant huit jours, ma mère n'a rien dit. Jusqu'au moment où elle a reçu une carte postale que je lui avais adressée d'un endroit éloigné de la maison et sur laquelle je disais simplement que j'allais bien, mais qu'il était inutile de me rechercher. J'ajoutais que je ne manquais de rien et ne souhaitais en aucun cas revenir.

Ça n'a pas raté : deux jours plus tard, l'avis de recherche était dans le journal le plus populaire de Lisbonne, (l'équivalent de France-Soir). Il y avait ma photo, mon signalement...

Normalement, j'aurais dû être repérée immédiatement par les gens de la rue. Car je ne vivais pas du tout comme une recluse! Avec ma patronne, j'allais, deux fois par semaine, au marché. Je passais alors juste devant le commissariat de police, devant ceux qui étaient censés me trouver... Mais non tout allait bien, j'étais très heureuse chez mes nouveaux patrons.

A la veille de Noël cependant, j'ai eu un peu le mal du pays. Mon grand cœur stupide a repris le dessus et j'ai eu envie de revoir ma famille, mon père, ma mère, mes frères et mes sœurs... On avait depuis longtemps arrêté les recherches me concernant. Et à l'approche des fêtes je ressentais un violent besoin de foyer. Même si, chez nous, les fêtes ne signifiaient pas qu'on allait recevoir des cadeaux. Je n'ai jamais reçu plus qu'une orange ou un morceau de chocolat ou un vêtement... Je pense que c'est pour cela que je n'aime pas les fêtes aujourd'hui. Je les pratique pour mon fils, mais elles me font penser à trop de choses... Ce n'est jamais gai.

Comme je savais que ma mère et ma sœur venaient à Amadora faire des courses dans une certaine épicerie, une fois par semaine, j'ai téléphoné à cette adresse. Coup de chance, ma sœur était là. Je lui ai avoué, au bout du fil, que j'avais envie de la voir... et de revoir son fils, mon premier neveu... Je lui ai fixé un rendez-vous dans un jardin, le lendemain.

Mais, j'ai eu un pressentiment, et je ne suis pas allée au lieu dit. J'ai eu raison : j'ai su après qu'elle avait prévenu ma mère et que cette dernière se trouvait au rendez-vous avec elle.

Cela ne pouvait pas durer. Un jour, j'ai préféré aller à la police judiciaire et me livrer. Je leur ai demandé protection. J'avais peur de rentrer chez moi, ça n'avait pas changé. Je leur ai même dit que si ma mère devait me battre à nouveau, je n'hésiterais pas à repartir.

Les policiers se sont mis à rire. « Ah c'est vous! » Depuis des semaines ils avaient eu ma mère devant eux. Elle les harcelait pour qu'ils mettent la main sur moi et, tout à coup, comme par magie, ils m'avaient là, à portée de leurs yeux.

« Vous êtes bien, là où vous êtes? Alors restez-y! » me dirent-ils en chœur. « Votre mère, on la connaît! »

Ils avaient tous compris à qui ils avaient à faire. Comme ils étaient plutôt gentils, ils eurent pitié de moi et ils comprirent que je me sentais mieux, loin de chez moi.

Ils avaient réalisé, en l'écoutant parler, crier du poste de police, harceler mes sœurs, quelle femme dure elle pouvait être. Parce qu'elle était pareille avec mes sœurs ou avec des étrangers.

Un jour ou l'autre, toutes mes sœurs sont parties de la maison. Sans qu'elle leur offre rien, ni l'affection, ni l'argent. Elle n'a jamais dépensé un sou pour les marier.

C'est terrible de ne pas aimer sa mère à ce point et j'en suis consciente. Mais elle m'a tellement sevrée d'amour dans mon enfance... Je la respecte parce qu'elle est ma mère, mais elle m'a fait trop de mal. Pourquoi m'a-t-elle donné si peu d'amour? Toute la haine que je porte en moi vient de là. Ce que j'ai manqué, je ne pourrais plus jamais le récupérer.

Je suis quand même rentrée à la maison, mais en menaçant de repartir si on me battait encore. Et je suis retournée à l'usine.

Ça n'a pas tardé : ma mère a recommencé. Le samedi et le dimanche, il me fallait à nouveau faire le ménage, la cuisine, le repassage... Et ma mère, pendant ce temps-là, papotait avec ses copines toute la journée.

Peu après, je n'ai plus pu en suppporter davantage. J'ai pris mon courage à deux mains et j'ai foncé comme un taureau. J'ai exigé de ma mère qu'elle me donne un peu d'argent chaque semaine. Je voulais m'habiller comme tout le monde et me sentir un individu normal, une fille comme les autres. J'ai eu du mal à le lui faire admettre, nous nous sommes beaucoup disputées, mais finalement elle a cédé. J'étais la forte tête de la famille. Personne d'autre chez nous ne réagissait autant que moi. Ma mère commençait à comprendre qu'il fallait céder. Que je n'avais plus l'âge de me laisser faire.

Plus tard, lorsque mes frères ont eu besoin de trouver du travail, c'est toujours à moi qu'ils ont fait appel. Et à chaque fois j'ai réussi. J'avais – j'ai toujours – ce qu'on appelle « du tempérament ».

Comme ma mère avait besoin de mon salaire (qui était le plus important de la maison), j'ai profité de cet avantage. L'argent que je rapportais était une magnifique force en ma faveur. Du coup, on me disputait beaucoup moins.

Hélas, ça ne changeait pas grand chose du côté des insultes et des gros mots, mais on ne peut pas tout avoir, n'est-ce pas? Je ne sais pas si, à la limite, quelques fois, je n'aurais pas préféré les coups. Les mots font souvent bien plus de mal que les gestes.

A partir du moment où mes parents ont accepté de me laisser une petite somme pour moi, je me moquais de tout le reste. Ils savaient que, s'ils recommençaient à me frapper, je m'en irais immédiatement. Ils étaient bien obligés de céder et de faire attention à ce qu'ils me faisaient.

A l'usine, on m'a à nouveau reprise, parce qu'on savait que j'étais une bonne ouvrière, et qu'on pouvait compter sur moi. Ce fut une période faste de ma vie dans la maison de bois.

LE PÈRE DE MON FILS

Un jour, une copine m'a invitée à son anniversaire. Il a fallu demander l'autorisation de mes parents... Je pense que ce genre de choses existe dans toutes les familles du monde : les mères hésitent toujours à laisser leurs enfants participer à des fêtes lorsqu'ils arrivent à des âges ou certaines choses peuvent se produire. Mais, je crois que toutes les précautions de la terre n'empêcheront jamais un événement d'arriver s'il doit arriver...

Ma mère a fini par dire « oui », mais elle y a mis une condition : « Je veux qu'on vienne te chercher à la maison ». J'étais déjà une vedette : il ne fallait pas que je sorte sans garde du corps!

Mais enfin ils m'ont laissée partir à cet anniversaire. C'est une chose suffisamment rare pour que je m'en souvienne encore aujourd'hui. Nous n'avions jamais le droit de sortir. Et nous n'avions pas vraiment de réunions de famille pour nous entraîner au-dehors... Peut-être une fois tous les trois ans...

A cet anniversaire, il y avait au milieu des invités, un garçon comme les autres. Il allait pourtant devenir « le père de mon fils »... Ce qui n'est pas si commun au bout du compte!

Je ne savais pas à quel point nous allions lier nos destinées, mais dès qu'il a commencé à me parler – à me « baratiner » me semble plus juste – je me suis laissée porter. On dit « emballer » chez vous? Hé bien, je me suis laissée emballer! Oh, pas parce qu'il était plus beau qu'un autre... La beauté n'a jamais eu d'importance pour moi. Mais je me suis laissée charmer par son « intelligence ». J'ai toujours su que les hommes beaux pouvaient être stupides et la bêtise est une chose que je ne supporte pas. Je n'ai jamais admis à mes côtés des gens incapables de répondre à mes réponses. Et j'ai toujours eu envie d'être avec des gens qui en savent plus que moi.

Lorsque je pose une question, je veux que la personne qui est à mes côtés puisse me répondre. Si elle se révèle incapable de me donner la solution, pour moi c'est une idiote. Je suis catégorique. Je n'ai jamais su ce que c'était que le gris. Pour moi, on est noir ou blanc.

J'avais dix-sept ans lorsque j'ai rencontré le père de mon fils. A ce propos, je tiens à rectifier ici le tir de Claude Carrère, qui préside aux destinées de ma maison de disques. Il a fait croire que j'avais cinq ans de moins lorsque j'ai débuté. Il a triché sur mon âge et je n'aime pas ça. J'ai toujours aimé être en paix avec ma conscience, et je tiens à dire la vérité. Je ne supporte plus d'avoir cinq ans de moins. J'ai 35 ans et je n'en ai pas honte. Ce livre remettra les choses à leur juste place. Et tant pis pour lui si – par peur de vieillir – il a la maladie de rajeunir les autres! Moi, je me porte bien, et je suis fière de mon âge.

J'avais donc dix-sept ans lorsque j'ai rencontré, pour la première fois, le père de mon fils. Mais, je ne l'ai pas revu pendant un an après cet anniversaire. Nous nous sommes perdus de vue. J'ai quelquefois pensé à lui, je l'avoue, mais il ne s'est rien passé de plus pendant les mois qui ont suivis.

Il était typographe, c'est à peu près tout ce que je savais de lui... Nous nous sommes rencontrés à nouveau chez la même copine, presque deux ans plus tard. Là, il a commencé à me parler plus sérieusement et je me suis complètement laissée attraper. J'avais tellement besoin qu'on m'aime!

Il est venu me chercher plusieurs fois à la sortie de l'usine, mais je ne lui ai jamais permis de me ramener à la maison. J'avais trop honte d'habiter dans une baraque! Je ne voulais en aucun cas qu'il sache où je vivais. Quand un garçon me suivait, je rentrais toujours dans un immeuble présentable pour faire croire que j'habitais là.

Et puis, un jour, il est venu à l'usine et il m'a dit : « C'est mon anniversaire, si tu manquais cet après-midi, nous pourrions fêter ça! ». La première chose à laquelle j'ai pensé, c'est à la dérouillée que j'avais reçue le jour où j'étais partie au square avec une copine... Les coups que j'avais reçus ce jour-là, résonnaient encore dans ma tête. Mais, j'y suis allée quand même...

Évidemment, lorsque je suis arrivée chez lui, il n'y avait personne. Ses parents, qui devaient fêter l'anniversaire avec nous... enfuis. J'ai eu peur, j'ai dit : « Je ne reste pas ». Je ne connaissais rien aux garçons, aucun d'entre eux ne m'avait jamais touchée jusqu'alors...

Nous sommes donc repartis de chez lui et il m'a emmenée au Jardin Zoologique. Le jardin, à ce moment-là, avait encore un côté très sauvage et les gens allaient y pique-niquer...

Je n'oublierai jamais que c'était un 24 septembre à 17 heures. C'est là, et ce jour-là, qu'il m'a embrassée, allongée dans l'herbe... et que je lui ai cédé. A vrai dire, je ne savais pas réellement ce qui se passait. J'étais trop naïve, trop peu informée pour réaliser la situation.

Mais dès qu'est arrivé le moment où il a fallu rentrer à la maison j'ai été saisie par la honte. Immédiatement, j'ai pensé que je préférais mille fois me suicider – encore! – plutôt que de rentrer chez moi. Il me semblait que mon infamie se lisait sur mon visage et j'étais sûre que ma mère saurait voir dans mes yeux ce que je venais de faire...

Alors il m'a amenée chez ses parents et j'ai eu de la chance : ceux-ci m'ont tout de suite accueillie comme leur fille. Ils ont sympathisé immédiatement avec moi.

C'étaient des gens très croyants, aussi ont-ils imaginé que si leur fils m'avait déflorée, il fallait qu'il répare et qu'il m'épouse. Je n'avais jamais pensé au mariage et ces mots-là faisaient cogner mon cœur, ma tête... J'avais seulement peur de rentrer chez moi, je n'avais aucune intention préméditée de me faire épouser... Et puis, sortir d'une famille de huit enfants pour tomber dans une famille de dix enfants!

J'étais très pieuse moi aussi. J'ai déjà raconté combien je m'adressais au Bon Dieu lorsque j'étais au collège... Je crois en Dieu, même si je n'ai pas été élevée de façon très religieuse. Mon père ne voulait pas que nous allions à la messe. Il nous l'interdisait. Il s'en est repenti après, juste avant de mourir. Mais moi, j'allais quand même à l'église... en cachette. Je profitais du trajet vers la soupe populaire pour faire le détour et aller prier.

C'est dire que mon âme était très tourmentée par la « faute » que je venais de commettre. Mais je suis restée chez eux, ne serait-ce que pour retarder l'instant du retour chez mes parents.

C'était inévitable : en octobre, j'étais enceinte. Alors, au bout de huit jours, son père est allé voir ma mère. Elle lui a proposé de nous héberger, prétextant qu'il n'y avait guère de place chez eux, ce qui était vrai. Et mes parents nous ont accueillis.

N'imaginez surtout pas qu'ils ont fait cela par pur amour filial! Non! Ils ont simplement réalisé, qu'à nouveau, la paye de Linda allait revenir dans leur escarcelle. Ils savaient que bientôt le père de mon fils allait partir au service militaire...

Nous marier? Pour quoi faire? Personne dans la famille ne s'est jamais marié! C'est une tradition familiale! Mes sœurs sont toutes parties avec les hommes de leur vie, mais jamais ma mère n'a organisé une seule célébration. Je crois que c'était simplement pour ne pas avoir à payer les robes! Pas d'argent, pas de robe. C'est une bonne formule : à la place on vous donne des coups de pieds au cul... Allez! Partez!

Lorsque j'ai annoncé à ma mère que j'étais enceinte, elle n'a pas trouvé cela bien du tout. Comment? Un enfant d'un homme qui allait partir à l'armée, disparaître pour des mois...

La colère est montée en moi. De quoi se mêlait-elle? Qui était-elle pour se permettre de juger? Une mère? Tout, sauf cela! Et puis, j'avais envie d'avoir un enfant à moi. Je voulais absolument le garder.

Je me demande même si je n'avais pas prémédité tout cela dans ma tête... Si je n'avais pas prévu, dès le départ, de me séparer de lui, très vite, et d'élever mon enfant toute seule.

Je ne me sentais pas très aimée de lui. Pas assez. Et je ne l'aimais pas vraiment. Je me suis rapidement rendu compte qu'il ne ressemblait pas au grand amour dont toutes les jeunes filles rêvent... Je ne savais pas alors ce que c'était que « l'amour », mais je sais aujourd'hui, que j'avais raison : il n'était pas l'homme de ma vie.

Il est parti à l'armée, et il n'en revenait que de temps en temps, lorsqu'il avait une permission. Mais plus les mois passaient, plus il me dégoûtait. Je ne supportais plus qu'il m'approche, qu'il me touche.. son odeur... C'était peut-être dû à ma grossesse. Je crois que beaucoup de femmes ressentent ce genre de dégoût dans ces occasions... Cela allait bien mal entre nous.

J'ai continué à travailler à l'usine jusqu'à la fin. Et, c'est en venant sur le chemin de l'usine qu'il réussissait à me voir. Il m'espionnait. Comme je l'avais renvoyé dans ses foyers, il était très jaloux. Il était persuadé que je l'avais quitté pour un autre homme!

Un soir, il m'a vue en train de parler avec un garçon (qui

n'était autre que le commis de l'épicerie)... Nous ne faisions que partager un bout de chemin ensemble... Le lendemain, il a déboulé chez ma mère, et il s'est mis à m'insulter, à me menacer... Il ne me manquait plus que lui pour m'adresser des insultes!

D'autres fois, pour revenir en odeur de sainteté, il se mettait à chanter sous ma fenêtre, il me donnait l'aubade... Malgré la pluie! Je le revois là, tout trempé, me chantant des chansons... Il inventait des paroles pour moi.

C'était un drôle de bonhomme. Il était capable de vous posséder très facilement avec ses mots... Pas ceux des chansons, ceux qu'il vous adressait dans la vie. Il faisait semblant de pleurer, de se jeter à vos genoux, de vous supplier, jurant qu'il allait se tuer pour vous... J'avais ses numéros de cirque en horreur. Je ne me suis pas laissée avoir d'ailleurs. Et je lui ai fait comprendre que lorsqu'il reviendrait de l'armée, il ne faudrait pas compter sur moi!

J'ai travaillé jusqu'au dernier moment. Il fallait que je marche beaucoup car j'avais mal aux reins. Alors, je faisais sans cesse le tour de ma machine!

Le 23 juillet 1968, je me suis réveillée comme tous les autres matins. Simplement, j'ai senti que mon lit était mouillé. Je n'avais aucune idée de ce que cela pouvait bien être... J'étais ignorante de tout. La sœur de ma mère qui était venue de Béringel nous rejoindre depuis quelque temps, était là. Je l'ai appelée.

Il faut vous dire que je n'habitais plus dans la grande maison en bois celle que nous avions aidé mon père à construire. Mais dans une cabane qui se trouvait à proximité du poulailler. J'étais une hors-la-loi, on m'avait donc casée là-bas. Mais, je m'en moquais, j'y étais tranquille. Il n'y avait guère de place à l'intérieur une fois qu'on avait mis le lit et une petite table mais j'avais tout peint en blanc à la chaux, c'était très propre et je m'y plaisais.

Ma tante m'a dit que j'allais accoucher bientôt mais je ne ressentais aucune douleur... Alors j'ai rangé ma cabane, j'ai balayé dans tous les coins, préparé le lit du petit... Qu'est-ce que je pouvais faire d'autre? Aller à la clinique? En aucun cas. Je voulais absolument accoucher chez moi, dans mon lit.

Je vais vous dire pourquoi je n'ai pas voulu aller à l'hôpital. Le père de mon fils était en prison et il aurait dû venir voir le bébé, menottes aux mains, entre deux gardes... Je n'avais pas du tout envie que cela se passe comme ça. Or, il était impossible de sortir de la clinique sans que le nom de l'enfant soit inscrit officiellement au registre. J'aurais eu tellement honte qu'on le voie arriver ainsi...

Vers quinze heures, ma mère a fait venir la sage-femme que la Sécurité Sociale nous offrait (nous n'avions pas d'argent pour la payer nous-mêmes). Elle a décrété que rien ne se passerait avant dix-neuf heures. Et elle est repartie.

J'ai eu ensuite la visite d'une amie que j'aimais bien : Madame Couca. Elle avait 25 ans et vivait, sans être mariée, avec un garçon qui étudiait afin de devenir avocat. Je la trouvais très intelligente. Elle habitait, de l'autre côté de l'aqueduc, dans un immeuble. Ce couple n'avait pas beaucoup d'argent mais il voulait absolument arriver par lui-même.

Madame Couca m'avait toujours dit qu'elle voulait assister à la naissance de mon fils. Sa présence me réconfortait, parce que nous nous comprenions. Et lorsque j'avais du chagrin, c'était à elle que j'allais me confier.

Madame Couca me disait des paroles de réconfort, pendant que ma mère n'arrêtait pas de me faire des recommandations : « tu devrais plutôt aller à la clinique, ça serait mieux pour toi, etc... ». Moi, j'aurais eu envie de leur dire, à elle et à mes sœurs qui m'entouraient jusqu'à m'étouffer « laissez-moi tranquille », et je me demandais si elles étaient là vraiment par souci de moi, ou seulement par peur qu'un coup dur puisse arriver sous le toit familial. Et une question me tournait dans la tête : « comment vais-je m'y prendre pour m'occuper de mon bébé? ».

J'avais un petit peu de layette, et on m'avait offert une baignoire en plastique rose et une serviette de bains que j'ai toujours. J'ai, évidemment, été obligée de laisser la baignoire au Portugal lorsque je suis partie, mais la serviette, je m'en suis servie tout le temps pour Jeannot. Et pour cause : je n'en avais pas d'autres!

Quand la sage-femme est revenue vers dix-neuf heures, je n'avais toujours pas de douleurs. Alors, elle m'a fait une piqûre et on a encore attendu un peu. J'ai ressenti une toute petite douleur, vraiment très petite... Puis, c'est devenu de plus en plus rapide, et à 21 h, la sage-femme m'a ordonné de m'allonger.

– « Maintenant, poussez! »

Dix minutes plus tard, Jeannot était dehors. Un beau garçon, brun, vigoureux... Il s'est mis à brailler, mais je suis sûre que c'était pour dire qu'il était heureux d'être là, avec moi.

Je sais que j'ai eu beaucoup de chance de ne pas souffrir davantage en le mettant au monde. Certaines femmes gardent quelquefois une rancœur vis-à-vis de leur enfant quand elles ont beaucoup souffert... L'enfance de mon fils a bien commencé et je me suis dit que ma vie aurait au moins eu ça de bon. Ça me semblait plus important que tout.

Mais son père avait fait des bêtises à l'armée et était en prison lorsque Jeannot est né. Or, il fallait que nous nous mettions d'accord pour lui donner un nom. Je ne voulais pas que mon fils soit déclaré « de père inconnu ». Au Portugal, il n'y a que les prostituées qui ne peuvent pas donner le nom du père et je ne tenais pas à passer pour l'une d'elles.

Je suis donc allée le voir en prison, avant la naissance, pour faire en sorte qu'il vienne reconnaître son enfant. Il était tout à fait d'accord.

A partir du moment où j'ai eu mon enfant, j'ai commencé à voir les choses différemment. J'ai immédiatement ressenti la responsabilité que j'avais prise en lui donnant la vie. Mais, en même temps, cet enfant me donnait du courage et les choses semblaient s'améliorer petit à petit.

Le lendemain de la naissance, le père de mon fils est venu à la maison avec son père et sa mère. Ils voulaient que nous essayions de faire la paix, que nous vivions à nouveau ensemble... Ils étaient émus parce que le bébé ressemblait à son père. Celui-ci – pour rire – a posé ses lunettes sur le petit nez de l'enfant et tout le monde s'est amusé : « Tu vois, c'est tout moi! » a-t-il dit.

Je ne peux pas affirmer que ce genre de remarque m'ait vraiment fait plaisir...

Je suis restée couchée deux jours et, en fait, j'ai eu mes « douleurs » après l'accouchement. Je ne sais pas pourquoi, mais ce fût ainsi. Pour me rassurer, une de mes sœurs dormait près de moi.

Toute la famille se montrait très gentille avec nous. On m'a raconté que mon père a pleuré dans la cuisine lorsque le bébé est né... Il était très touché par cette naissance, parce que j'étais la première de ses filles qui accouchait à la maison. Mes sœurs ont eu tous leurs enfants à la maternité. Mon fils, lui, est le seul à être né dans notre chère maison de bois.

Le troisième jour, je me suis levée. Nous avions huit jours pour déclarer le bébé à la mairie. Son père est venu avec moi, le crâne rasé, les menottes aux mains, encadré – comme je l'avais prévu – par la police militaire.

Nous avons pris la décision de baptiser Jeannot en septembre. Il fallait choisir un parrain et une marraine. La marraine ne pouvait être que ma sœur aînée et le parrain, son mari. La chose était décidée quand ma mère, un jour, a tout changé sans même m'en avertir, en se disant que cela serait mieux de prendre quelqu'un qui ait plus de moyens pour venir en aide à mon fils si un jour la vie l'exigeait.

Ma sœur et moi avions envie d'appeler le bébé Carlos-Jorge. Mais la dame à qui ma mère avait pensé comme marraine a choisi Joào. Sur le coup, j'ai fait sûrement un peu de peine à ma sœur aînée, en me rangeant à l'avis de ma mère. Mais en compensation et en quelque sorte pour lui faire plaisir, j'ai ajouté le nom de Carlos à celui de Joào. Et mon garçon s'est trouvé baptisé Joào Carlos (comme un petit roi!). Et en France, nous l'avons appelé Jeannot.

Cette dame est venue me voir pour me dire qu'elle s'occuperait de tout, et moi je n'ai rien fait. Jusqu'à un certain point, j'ai été d'accord pour lui laisser toutes les prérogatives. Mais elle a ajouté que si je voulais porter chance à l'enfant, il ne fallait surtout pas que je vienne au baptême. Elle était superstitieuse et c'était, paraît-il, une tradition. « Si vous voulez que votre fils soit heureux toute sa vie... »

Ainsi une mère ne devait pas voir son fils porté sur les fonts baptismaux? Je me suis effondrée en larmes. Cet enfant, c'était le mien, et on voulait déjà m'en priver! Alors que je commençais à peine à m'y habituer... (au début j'avais peur de le casser lorsque je le langeais...).

Mais, comme je suis superstitieuse moi aussi, j'ai fini par céder. Ce qui fait que toute la journée du baptême, j'ai pleuré, seule dans ma cabane. Je me demandais sans cesse ce qu'ils étaient en train de faire à mon fils...

Je m'aperçois aujourd'hui que je n'ai jamais été à aucun baptême : je ne sais pas ce que c'est. Mais c'est peut-être parce que je n'ai pas suivi celui de Jeannot, que j'ai eu de la chance...

Dire que je n'ai même pas une photo de son baptême!

Quand ils sont revenus de l'église, je suis allée chez la marraine choisie par ma mère, qui avait préparé une petite fête. Puis, je suis rentrée avec mon fils.

MON PREMIER VOYAGE EN FRANCE
(Janvier 69)

Pendant plusieurs mois je n'ai pas vu le père de mon fils. Mais, ça ne veut pas dire que ma vie était calme pour autant, car je ne cessais pas de me disputer avec ma mère. Et, d'un coup de gueule à l'autre, je n'arrêtais pas de faire mes valises. J'allais chez ma sœur, chez une autre, le petit sous le bras... J'envahissais aussi les grands-parents paternels de mon fils qui étaient ravis d'avoir leur petit-fils sous la main... Et puis ma mère revenait, s'excusait, me demandait de revenir à la maison... J'ai fait ainsi des aller-retours à n'en plus finir.

Au moment où je vivais chez les grands-parents de Jeannot, je travaillais comme bonne chez une dame, et c'étaient eux qui gardaient mon fils. Je ne revenais que le week-end. La semaine, je m'occupais de cette vieille dame de 80 ans...

Un soir, Fernando (je m'aperçois que je viens seulement d'utiliser son prénom pour la première fois... Je n'arrive jamais à l'appeler autrement que « le père de mon fils »), est venu frapper à la porte de cette dame. Il y avait des mois que je n'avais pas eu de nouvelles de lui. Il m'a appris qu'il était déserteur, qu'il arrivait de France, et qu'il entendait bien repartir très vite vers ce pays hospitalier, mais avec moi cette fois.

Et c'est alors que Fernando Da Silva m'a proposé : « Je t'emmène, viens avec moi en France. »

Il avait fait beaucoup de bêtises là-bas, mais je ne le savais pas. J'aurais pu me douter que s'il faisait des sottises au Portugal (l'armée le recherchait), il en faisait également ailleurs mais, je n'y ai pas pensé. Il jurait que nous trouverions facilement du travail...

Mieux, il jouait la carte de la chanson. Il savait combien j'aimais chanter, il disait connaître une boîte portugaise, à Lyon, dans laquelle je pourrais gagner ma vie en chantant des fados...

Je n'étais pas certaine qu'il changerait, mais je me suis laissée faire et j'ai essayé encore une fois de le croire. En fait, j'avais une autre idée dans la tête. Je me disais : « Qu'il m'emmène, et après je me débrouillerais ». Autant profiter de l'occasion qui m'était offerte. Il n'avait jamais donné à manger à son fils, ce voyage serait une monnaie d'échange.

Et je pensais que si ça n'allait pas entre nous, une fois en France, je m'arrangerai pour trouver du travail par moi-même.

C'est ainsi que nous sommes partis. J'ai laissé mon fils à ses grands-parents paternels, et j'ai suivi Fernando. J'avais mis un peu d'argent de côté et son père nous avait fait cadeau de quelques escudos.

Nous avons passé la frontière clandestinement. Cette ligne de séparation entre les deux pays, il me semble que je la connais par cœur... Je l'ai si souvent franchie incognito! Un jour, j'écrirai le scénario d'un film, avec tous ces souvenirs-là... Impressionnant!

Il a fallu courir, ramper... Je me souviens que j'étais furieuse parce que j'avais déchiré mes bas! Je me souviens aussi de mon manteau. Il était rouge. Et, en Espagne, Fernando n'avait rien trouvé de mieux à faire que de nous installer pour la nuit dans un champ où l'on gardait les taureaux pour les corridas! Je mourais de trouille. Je l'ai supplié de partir. Ça le faisait rire! On sait bien que ces bêtes-là deviennent folles à la vue du rouge...

Dans une auberge qu'il connaissait, nous avons retrouvé le chauffeur d'une camionnette qui transportait les gens de l'autre côté de la frontière espagnole. Il nous a dit son prix et nous a emmenés jusqu'à la gare de Barcelone. Pourquoi Barcelone? Je ne le saurai jamais. Fernando disait y avoir des contacts dans des boîtes de nuit...

Nous nous sommes installés dans une pension de famille qui s'appelait « Las ramblas ». Nous y sommes restés huit jours... le temps de gaspiller tout l'argent que nous avions, le mien compris.

Mais, avant de quitter l'auberge, il fallait payer les quelques jours que nous y avions passé... Et évidemment nous n'avions plus assez... Alors Fernando a eu une grande idée : « Tu vas écrire à mon père que nous sommes dans une situation critique et que tu comptes sur lui pour nous envoyer tant... ». Il savait parfaitement que s'il avait écrit lui-même, jamais son père n'aurait répondu. Il connaissait trop le puits sans fond qu'était son fils!

Lorsqu'il m'a demandé de faire cela, une haine terrible est montée en moi. Comme je le détestais de m'obliger à faire ça! Mais j'ai quand même envoyé le télégramme : nous n'avions, hélas, pas d'autre choix...

Son père nous a envoyé l'argent du billet de train pour Paris. Arrivée à Paris, j'ai peu à peu découvert que Fernando n'avait pas une conduite tout à fait nette. Je l'ai appris par une personne qui allait m'aider beaucoup dans la vie et qui me révéla à quelles histoires douteuses le père de mon enfant avait été mêlé. Cette personne était le patron d'une petite usine de rouleaux pour la peinture et Fernando avait travaillé chez lui à son précédent voyage. Avec une naïveté incroyable, il m'a présenté cet homme, qui, dès qu'il m'a vue au côté de Fernando, a tenu à m'avertir de ce qui m'attendait. Il me regardait avec chagrin. Il avait appris, à force d'employer des Portugais, à parler notre langue. Et il m'a dit :

« C'est vous la femme de Fernando? J'ai peine à le croire. Vous êtes beaucoup trop bien pour lui. Vous, vous pouvez rester et travailler ici. Vous êtes la bienvenue. Mais je ne veux plus de lui. Je n'ai plus confiance en lui. »

A ce moment-là, Fernando s'est piqué d'une autre folie : il a voulu aller à Lyon, où, disait-il, il connaissait les tenanciers d'une boîte de nuit à clientèle portugaise dans laquelle je pourrais chanter. Monsieur Stala m'a suppliée de ne pas le suivre, et je suis restée à Paris. J'avais du travail dans son usine de rouleaux... Je m'occupais de la machine à plier le fer, à coller la laine sur le tube... J'ai tout fait dans ma vie!

Mais j'étais inquiète pour mon fils. Je me disais que son père allait me faire payer mon refus de le suivre à Lyon en me prenant mon fils. Cela lui aurait été facile puisque Jeannot était chez ses parents. Alors, j'ai écrit à ma mère, et je lui ai demandé d'aller récupérer le petit. Ce qu'elle a fait d'une façon un peu cavalière. La porte était ouverte, elle est entrée, elle n'a vu personne, elle a pris le bébé et elle est repartie avec lui. Inutile de vous dire que ce « kidnapping » a provoqué un beau scandale dans la famille de Fernando.

Fernando m'a alors écrit pour me demander de le rejoindre. Je ne lui ai jamais répondu. Je n'aurais pu lui écrire que des horreurs, il valait mieux que je m'abstienne.

Malgré le travail et l'amitié de Monsieur Stala, j'ai eu le mal du pays, de mon enfant, et, après deux mois, je suis rentrée. Chez ma mère, comme d'habitude.

Ma première visite a été pour le père de Fernando. Je tenais à tout lui expliquer. Mais Fernando avait écrit à son père, et, fort gentiment, il m'avait tout mis sur le dos. Bien sûr, c'était moi qui avais dilapidé tout l'argent du voyage! Il avait réussi à faire une belle embrouille. Et, évidemment, son père l'a cru. Je ne peux pas lui en vouloir : on croit plus facilement son fils qu'une étrangère.

Je suis revenue aussi dans mon usine. Il fallait bien que je gagne ma vie! Et tout a recommencé comme avant : les disputes, les engueulades...

Mais j'avais connu la France et je me disais : « Peut-être que je vais pouvoir y retourner... » Ça me donnait un moral d'acier.

Je m'aperçois en écrivant que je me rappelle des choses mauvaises, à propos du père de mon fils. A mon fils, je ne lui en avais rien dit, ni en bien, ni en mal. J'attendais qu'il se fasse sa propre opinion sur lui.

Un jour, il avait à peu près huit ans, Jeannot m'a dit qu'il voulait voir son père. Cela m'a fait mal, mais j'ai accepté. Je ne me sentais pas le droit de lui interdire de le voir. C'était important pour lui de savoir qu'il existe, qui il est, où il est...

Alors, je lui ai payé un billet d'avion et il est parti pour Lisbonne. Ils sont tous allés le chercher à l'aéroport. Je lui avais mis dans la poche un billet aller-retour – bien sûr – et je lui avais dit : « Quand tu en auras assez, téléphone-moi. Je viendrai te chercher à Orly ».

C'est ce qui s'est passé au bout de quinze jours. Il en a eu marre de ces retrouvailles familiales, et il a voulu rentrer. « Maman, c'est avec toi que je veux vivre. » J'avoue que cela m'a mis du baume au cœur... J'avais voulu le laisser choisir sa vie, mais j'avais eu peur aussi.

LA DEUXIÈME TENTATIVE

Chez nous, rien n'avait donc changé. J'évitais de me montrer avec des garçons pour me racheter aux yeux de ma mère. Je ne sortais pas, je travaillais pour ramener ma paye à la maison, mais ma mère était, toujours, très hargneuse avec moi. Je voulais vraiment que le mot « pute » disparaisse de son vocabulaire à mon égard.

Que ma mère comprenne que j'étais une fille normale et pas une « traînée »... Pendant combien d'années ai-je essayé – en vain – de la convaincre? Pendant combien d'années devais-je payer ma faute? Et d'ailleurs, pouvait-on réellement parler de « faute »? Quel crime avais-je commis? J'avais été attirée par un jeune homme et j'avais fait l'amour avec lui... Où était le mal? Un enfant était né de cette union éphémère... Un enfant que j'avais voulu, que j'aimais, que j'aime encore de toute mon âme, qui est toute ma vie... On parle de « faute » mais je trouve, moi, aujourd'hui, que cette faute est la chose la plus belle, la plus heureuse qui me soit arrivée dans ma vie.

Un enfant sans père, et après? On n'est pas une « pute » pour cela! Maintenant que je sais ce que ce mot veut dire, il ne me fait plus mal. Autrefois, lorsque j'en ignorais le sens, il me semblait qu'il réunissait toutes les horreurs de la terre. Je ne sais pas s'il faut condamner les femmes qui font ce métier, celles qui le font ouvertement. Parce qu'il y a beaucoup de femmes qui le font sans l'avouer... De quel droit condamner? A quel titre?

Je sais pourquoi je ne suis pas tombée dans ce piège-là. Je sais comment je m'en suis sortie. Si j'ai marché droit, c'est parce que j'ai eu un enfant. J'avais un but : l'élever dignement. Je n'aurais jamais supporté l'idée qu'il puisse apprendre un jour que sa mère était une « dame de petite vertu », comme on dit chez vous. Là, j'aurais eu honte de moi. Par rapport à lui, pas par rapport au monde. C'est mon fils qui m'a poussé à suivre une route honnête. Je voulais avoir à mes côtés quelqu'un qui m'aimerait et être digne de son amour. Je suis sûre aujourd'hui d'avoir réussi sur les deux plans : Jeannot m'aime et je peux le regarder la tête haute. Je n'ai rien fait dans ma vie dont je puisse avoir honte.

Je suis donc retournée à l'usine, et le soir je regagnais ma petite cabane. A cette époque-là, mon père vendait les produits de son potager. C'étaient des excellents produits, parce que l'homme qui les cultivait était un homme formidable. Je l'ai déjà dit : il savait tout faire, les maisons comme le jardinage...

Comme nous vendions bien nos légumes, petit à petit la situation s'est améliorée. On a eu une vache, un bourricot, des cochons, des lapins, des poules... Mon père avait bâti de ses mains un lavoir pour nous tout seuls. Avant, nous étions obligés d'aller au lavoir commun avec tout le monde. Il y avait des gitans, les gens des bidonvilles... c'était très mélangé. Je crois que si j'ai ce type un peu gitane, c'est à force de les avoir fréquentés.

Mon père avait tout arrangé au mieux. Il avait mis du ciment par terre pour les cochons, pour que tout soit bien propre... Parce que, dans son esprit, il fallait que tout soit net, même s'il s'agissait d'une simple baraque en bois. Sur ce plan-là, j'ai hérité de lui et de ma mère aussi d'ailleurs : je déteste la saleté. Ils m'ont appris certaines valeurs qui comptent dans la vie.

Lorsque je repense à cette baraque, vraiment, elle me rappelle celles que l'on voit dans les westerns. Je les trouve plutôt jolies maintenant, mais à l'époque j'avais honte de dire où j'habitais...

Donc, tout allait pour le mieux pour mes parents et j'ai pu garder pour moi un peu de l'argent que je ramenais de l'usine. J'en donnais une partie tout de même à ma mère, pour la nourriture de mon fils et la mienne... Je continuais à l'aider à ranger sa maison, à faire son ménage...

Mais nos relations ne s'arrangeaient pas pour autant. Et je pensais de plus en plus à partir à nouveau en France. Près de chez nous, il y avait une fille qui avait été en France pendant assez longtemps, dans le « 78 », dans les Yvelines... (ce chiffre m'avait frappé). Nous parlions souvent de son séjour, de l'endroit où elle avait été, de ce qu'elle avait fait... Elle me racontait et elle me poussait à y aller. « Au moins, tu te sortirais de tout cela... » disait-elle.

J'étais très tentée, mais je ne savais pas très bien comment j'allais faire pour y parvenir... La première fois, j'avais passé la frontière avec le père de mon fils qui connaissait la route... Mais toute seule? Comment y arriver?

Elle m'a indiqué un passeur qui pourrait m'aider mais je n'avais pas d'argent...

Et puis, un soir que nous étions en train de discuter, mes parents et moi, mes frères se sont mêlés de la conversation et ils ont avoué, qu'eux aussi, ils avaient envie d'aller en France. Nous étions donc quatre à vouloir partir : deux de mes frères, mon beau-frère et moi.

Nous avons rencontré le passeur et nous nous sommes tous mis d'accord sur le moyen de franchir la frontière.

Juste avant de partir, tout le monde se faisait des illusions. Nous rêvions à un destin merveilleux qui nous attendait en France... « Ne vous inquiétez pas », disions-nous aux parents. En France, nous allons gagner beaucoup d'argent et nous reviendrons pour acheter une belle maison, dans les beaux quartiers d'Amadora... Mon frère ajoutait : « De là-bas, je vous enverrai tout l'argent que je vais gagner ».

Mes frères et moi, nous voyions la France comme le pays où, enfin, nous pourrions devenir riches. Nous n'avions jamais vécu avec suffisamment d'argent pour être à l'aise auparavant... Je pense que beaucoup de gens ont été, et sont encore, dans notre cas, ce qui explique l'espèce d'agressivité au travail des émigrés... La misère, voyez-vous, cela provoque bien des choses que l'on ignore lorsqu'on est à l'aise toute sa vie... Des parents qui frappent leurs enfants avec une ceinture... on ne voit jamais ça dans les familles riches. Lorsque les parents ne s'entendent plus, ils se séparent, ils divorcent, c'est tout. C'est simple et c'est propre. Mais, dans les familles pauvres, quand on se sépare, c'est l'homme qui s'en va. La femme, elle, reste seule avec tous ses enfants à charge... C'est elle qui subit les conséquences de la séparation. Elle, seule. La vie est mal faite sur ce plan-là : ceux qui payent, ce sont les enfants et la femme.

Nous avions donc décidé de partir. Le peu d'argent que mon père avait mis de côté, il l'a avancé à mes frères et à mon beau-frère. A moi aussi, il a donné un peu d'argent, bien sûr. J'ai pris également ce que j'avais mis dans ma petite cagnotte, gagnée grâce à mon travail à l'usine... Je n'ai jamais dépensé tout ce que je gagnais. Comme si je pressentais que j'allais en avoir besoin un jour, pour une cause plus importante qu'une nouvelle robe.

Quand on doit passer la frontière clandestinement, il faut se faire guider par des passeurs. Et comme il arrive souvent, ceux que nous avons trouvés nous ont escroqués purement et simplement. Le chemin qu'ils nous ont fait prendre, nous aurions pu tout aussi bien le faire sans leur aide.

Nous sommes partis et nous avons mis trois jours pour arriver. Simplement parce que les passeurs nous faisaient peur. Ils disaient : « Attention, ne faites pas de bruit... on va nous surprendre... »

Ils nous ont fait passer par des chemins pleins de boue, de ronces... Ils faisaient semblant d'aller voir si la route était libre, ils allaient en avant et ils revenaient avec des airs de conspirateurs : « Le chemin est possible... »

Tout ça c'était du cinéma. Un sale, épouvantable cinéma. Comme je hais ces gens qui ont été capables d'abuser de tant de pauvres gens, innocents et naïfs... Si j'étais à leur place, je n'aimerais pas me regarder dans un miroir le matin... Je ne me sentirais pas bien dans ma peau... Quand je pense à l'argent qu'ils gagnent et aux miséreux qu'ils continuent sans doute de faire « passer » de la même façon...

Mais nous croyions tous en ce qu'ils nous disaient. Mes frères, mon beau-frère mais aussi le couple qui passait avec nous.

Rendez-vous compte de l'argent que se faisaient ces gens-là! A l'époque, ils demandaient 4 000 escudos par passage. Laissez-moi vous donner une idée de ce que cela représentait pour nous. Je gagnais 300 escudos par semaine (3o francs actuels). Et je gagnais plus que mon père!

A ce moment-là, je m'en souviens très bien, on faisait également un marché complet pour une semaine avec 100 francs. Aujourd'hui, évidemment, ce n'est plus la même chose. Tout a énormément augmenté. Mais je parle en fonction de l'époque.

Avant de franchir la frontière, nous avons d'abord passé la nuit dans une grange, dans un petit patelin du Nord du Portugal. Dans la paille. On a dormi comme ça, tout habillés, tremblant à l'idée d'entendre un pas. Et eux, ils prenaient un malin plaisir à entretenir cette crainte d'être découverts. « Surtout ne faites pas de bruit... » Or nous étions toujours au Portugal! Mais nous étions bêtes, et nous les avons crus quand même.

Nous avons fini par arriver à Hendaye. En train. Mes frères et mon beau-frère sont passés sans problème. Vous ne savez peut-être pas comment cela fonctionnait à ce moment-là pour les travailleurs émigrés. A Hendaye, il y avait un bureau pour eux et les patrons français y trouvaient là un scandaleux marché aux émigrés clandestins. Mais comme cela arrangeait tout le monde, personne ne disait rien. Chacun y trouvait son compte. Nous étions exploités, mais qu'est-ce que nous pouvions espérer d'autre?

Dans ce bureau, on recevait les gens et on leur disait : « j'ai un contrat pour tel endroit... » A mon beau-frère on en a ainsi proposé un dans la région de Charleville, à Fumay près de la frontière belge. C'était pour travailler dans une aciérie, dans la métallurgie.

A l'époque, on lui offrait moins de trois francs de l'heure! Il a accepté quand même. Bien content d'avoir trouvé quelque chose tout de suite...

Mes frères, eux, sont allés à Reims, mais sans contrat de travail. Pour en obtenir un, il fallait passer un an « sous condition », et c'est à l'issue de ces 12 mois qu'on pouvait enfin recevoir la fameuse carte verte. C'est comme ça que beaucoup de Portugais ont été obligés de travailler pendant un an sans avoir la certitude de pouvoir rester ensuite en France. Mais ils n'avaient pas, là non plus, vraiment le choix.

Chacun est donc parti de son côté, et moi je suis restée parce qu'on m'a fait croire qu'il n'y avait pas de travail pour moi. Il fallait, paraît-il, que je retourne chez moi, que je repasse la frontière dans l'autre sens.

J'ai protesté : « Et l'argent que j'ai donné? Comment vais-je faire? Je n'ai plus d'argent... »

Le passeur m'a dit : « De toute façon, on ne te demandera pas plus d'argent pour te ramener... »

J'ai su, après, que c'était un coup monté. Le passeur voulait me draguer et il espérait que j'allais faire le chemin à l'envers avec lui tout seul. Mes deux frères et mon beau-frère ne le gênaient plus...

je suis
l'âne de
grand-père -

Ma grand-mère
et mon grand-père
que je n'avais
pas revus depuis longtemps -

Me reconnaissez-vous ?
– c'est au pensionnat –

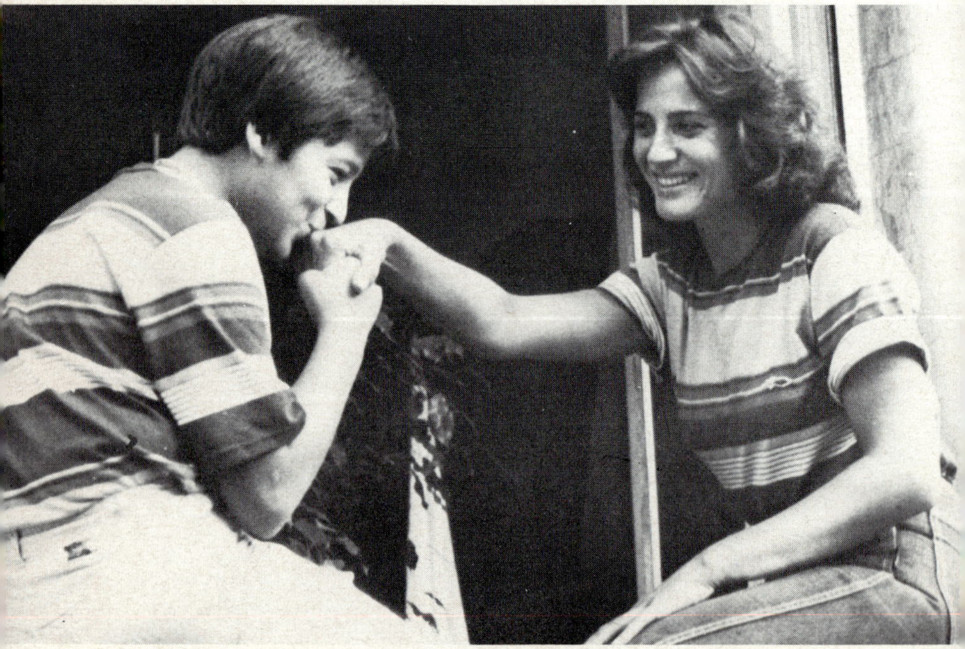

Jeannot faisant le clown –
il aime ça ! –

avec mon petit "Jeannot"
lors de notre dernier
"pèlerinage"
au village de mon enfance -

A l'Olympia,
quand je chante
"L'Étrangère" -

Jean-Michel Boris,
de l'Olympia
le directeur
me félicite
et je fonds
en larmes!

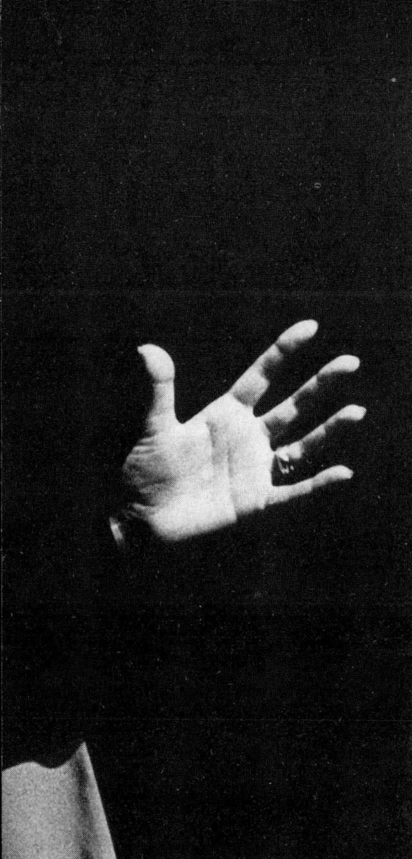

Mon fils
me rejoint
sur scène,
nous sommes
seuls
au Monde !

on ami Michel DRUCKER,
a Mère et JAÏRO
soir de ma générale

Nous avons eu une petite aventure tous les deux. Il était jeune, mignon... Je n'était pas plus vieille que lui. J'étais à son goût...

C'était la première histoire avec un homme que je vivais depuis l'épisode avec celui que j'appelle « le père de mon fils ». Une histoire pleine de moments merveilleux, mais sur laquelle planait tout le temps la peur de me retrouver enceinte. Personne ne m'avait donné la moindre explication sur ce sujet. Et, manque de chance, une nouvelle fois, ce que je craignais le plus s'est produit : j'étais enceinte. Comment faire? On ne peut pas dire que j'ai mené une vie dissolue pourtant. Vraiment je n'avais pas de chance. A chaque fois que je faisais l'amour avec un garçon qui me plaisait un peu...

C'était avant la pilule et toutes les formes de contraception qui ont libéré les femmes. A ce moment-là, elles avaient cette épée de Damoclès qui se tenait au-dessus de leur tête en permanence.

Je me suis dit que je ne pouvais pas rester comme ça. Si j'en parlais à ma mère, je savais d'avance que j'entendrais une fois de plus l'éternelle litanie : « tu es una puta! » (tu n'es qu'une putain).

C'est à ma sœur Emilia que je me suis résolue à me confier. Et là, elle a été très compréhensive et gentille avec moi.

Elle m'a aidée à rassembler l'argent nécessaire pour payer un avortement. Sur ses indications, je suis donc allée à Lisbonne voir une dame qui avait l'habitude de pratiquer cette chose.

Comme la somme que j'avais sur moi n'était pas suffisante, je lui ai proposé de lui donner en complément la petite chaîne en or de mon fils, que j'avais sur moi. Je ne sais pas où cette dame peut bien être aujourd'hui (j'ai cherché vainement à la retrouver), mais qu'elle sache, si ce livre lui vient entre les mains, que je suis disposée à racheter cette petite chaîne en or au prix qu'elle voudra!

L'intervention terminée, je suis rentrée en tramway, craignant à tout instant de me trouver mal. Je suis arrivée à la maison. Et grâce à Dieu, personne ne s'est aperçu de rien chez nous.

Dès le lendemain, je reprenais le chemin de l'usine.

Avec mes parents, les choses allaient de plus en plus mal, les disputes devenaient permanentes... Mes frères commençaient à grandir et c'était encore pire parce que j'avais la main mise sur eux. J'étais leur aînée de deux ans, et ils m'obéissaient complètement. Mais, en grandissant, ils avaient tendance à lever la main et c'est une chose que j'ai en horreur : se frapper entre frère et sœur... C'est ainsi qu'en vieillissant on devient brutal.

Comme je savais maintenant comment faire et par où passer pour gagner la France, au bout d'un an j'ai remis ça. J'ai pris la décision de repartir, mais cette fois, toute seule. Puisque d'autres avaient pu le faire, pourquoi pas moi? Je me suis d'ailleurs fait ce genre de remarque en plusieurs occasions de ma vie, et ça m'a toujours conduit là où je voulais.

LE TROISIÈME VOYAGE

J'ai laissé mon fils à ma mère. Mon beau-frère était en France. (Mes deux frères étaient rentrés au Portugal) – j'avais un point de chute. Il avait donné son adresse à ma sœur et je me suis dit que, lorsque j'arriverais là-bas, il me trouverait sûrement du travail. Il était déjà établi, il avait un boulot dans la région de Fumay...

J'ai donc pris comme la fois d'avant le train à la gare de Santa Appolonia, à Lisbonne. J'ai recommencé le fameux itinéraire que vous connaissez déjà, avec l'idée de passer clandestinement en France.

Parvenue à Irun, côté Espagne de la frontière avec la France, je n'étais plus qu'à quelques kilomètres de cette terre qui représentait pour moi tous les espoirs, et en premier ma liberté. Et cette liberté, j'étais bien déterminée à la conquérir, quels que puissent être les obstacles.

N'oublions pas que le mot « conquistador » ne nous est pas inconnu, à nous, les Portugais!

Pour l'instant, la difficulté était de parvenir à traverser, non pas les océans, mais une petite rivière, la Bidassoa, qui marque la frontière entre les deux pays. J'ai marché le long de cette rivière, en tenant sous mon bras ma fameuse valise en carton, mes pieds s'enfonçant dans la boue. Mes chaussures étaient bien mal en point quand je me suis retrouvée enfin du bon côté – la France!

Au poste-frontière d'Hendaye, les douaniers m'ont demandé, comme la fois d'avant, quelle était mon adresse en France. Comme j'ai pu (sachez qu'à cette époque je parlais encore à peine le français) j'ai expliqué que j'allais retrouver mon beau-frère à Fumay du côté de Charleville, et ils m'ont laissée passer.

Je suis donc montée à Hendaye dans le train pour Paris, et de Paris dans un autre train, en changeant de gare, jusqu'à Charleville. Arrivée là, j'étais perdue avec les correspondances – et personne qui pouvait me comprendre! – Finalement je suis tombée sur un monsieur qui travaillait dans la gare et qui connaissait un Portugais.

Il l'a fait venir et ce Portugais – je ne me souviens malheureusement pas de son nom – m'a mise dans le train. Comme il était inquiet pour moi « il se rendait compte que j'étais incapable de me débrouiller par moi-même ». Il a été jusqu'à prendre lui-même un billet pour m'accompagner.

Lui aussi, j'aimerais par ce livre le retrouver. Et je lui fais savoir ici que je n'ai pas oublié ce qu'il a fait pour moi à ce moment là.

A la gare de Fumay, j'ai retrouvé mon beau-frère qui m'attendait avec des amis italiens, turcs... Il savait que j'arrivais à cette heure-là parce que je l'avais prévenu de mon retard en lui téléphonant de la gare. Je l'avais appelé à sa fonderie et j'avais eu bien du mal à me faire comprendre parce que, là non plus, personne ne parlait portugais.

Ils étaient là, mais je ne savais pas pour autant où j'allais pouvoir dormir. Ils couchaient à quatre dans une petite chambre et ils étaient logés par la fonderie, dans une cité où il y avait des gens de partout. Mon beau-frère m'a loué une chambre d'hôtel près de chez eux. Je me souviens qu'elle coûtait quatorze francs par jour, petit déjeuner compris! C'est mon beau-frère qui l'a payée pour moi, ce qui était un geste formidable de sa part.

Tout en étant très touchée de ce qu'il faisait pour moi, je ne pouvais pas accepter de rester dans cette situation. Il fallait que je me trouve un travail et que je me prenne en charge. Je n'ai jamais aimé être un poids pour les autres.

Mon beau-frère et ses amis avaient l'habitude d'aller dans un petit bistrot – un routier – pour faire un flipper et boire un verre. Un jour, ils ont décidé de me sortir un peu de mon hôtel et ils m'ont amenée là-bas. La patronne m'a repérée et elle a demandé : « Est-ce que cette fille cherche du travail? » Je lui ai répondu que « oui ». Je ne parle pas l'italien mais – je ne sais pas pourquoi – les langues latines me semblent familières et j'ai pu m'entendre avec elle.

Elle m'a embauchée tout de suite. Je suis allée à l'hôtel chercher mes affaires, et je suis revenue. Je m'inquiétais un peu : comment est-ce que j'allais faire pour comprendre les commandes?

La patronne m'a rassurée en me disant qu'elle m'apprendrait et que tout irait très bien. Elle avait une soixantaine d'années et son mari cinq ou six ans de plus.

J'étais logée chez eux, avec une autre fille qui travaillait également dans ce café et qui s'appelait Nicole. J'ai commencé à travailler dès le lendemain. Servir les clients, ça c'était plutôt facile. Restait à les comprendre. Les problèmes de langues n'ont pas été vraiment très sérieux. Je faisais rire tout le monde avec mes fautes.

Comme je ne parlais pas le français et que j'étais nouvelle, je croyais que les gens étaient gentils avec moi. Ils me laissaient quelquefois des pourboires très importants et ça m'épatait. Je me disais que j'allais faire fortune très vite à ce train-là! Je servais un verre à deux francs et ils me laissaient jusqu'à cinq francs pour le service... C'était énorme!

Au bout de quinze jours, j'ai pu envoyer trois cents francs à ma mère, accompagnés d'un mot qui lui annonçait que, cette fois, ça y était : je gagnais beaucoup d'argent! Mais je ne me rendais pas compte que la dame ne me donnait que trois cents francs par mois pour mon travail! Vous voyez qu'il n'y a pas que des gens honnêtes...

Petit à petit, les choses s'amélioraient... Je comprenais « Vittel-menthe » et d'autres commandes de ce genre. Je me sentais plus à l'aise. Je servais à table à midi parce que le « routier » faisait aussi restaurant. Ça me plaisait bien et je voyais passer du monde...

Mais, au bout d'un certain temps, la patronne a vu arriver dans son bistrot des gens un peu plus aisés, des propriétaires de châteaux des alentours, des paysans riches... Les gens venaient, dépensaient beaucoup d'argent, buvaient du champagne...

Elle a vite compris que la petite Linda plaisait bien à tous ces gens. Moi, à vingt et une heures, je montais dans ma chambre. Mais un soir la patronne m'a dit que j'avais une très belle chambre et qu'il fallait en profiter. Je ne peux pas jurer qu'elle disait cela d'une façon malhonnête – je ne parlais pas assez bien le français pour comprendre exactement ce qu'elle voulait dire – mais quand les messieurs demandent du champagne et qu'on exige que les filles restent là... En général, c'est pour une raison précise, non?

A partir de là, je restais dans mon coin. Je servais les gens, mais j'avais le cœur noué et je pleurais sans cesse. Je pensais à mon fils. C'était la première fois que nous étions séparés depuis aussi longtemps et j'écrivais à ma mère en la suppliant de me faire parvenir une photo de lui.

Et, surtout, je me demandais où j'étais tombée... Je trouvais que cet endroit était louche et il me semblait que je devais le quitter au plus vite. Mais pour aller où?

Un samedi, mon beau-frère est venu me voir et je lui ai tout raconté. Que la patronne ne m'avait jamais forcé à faire quoi que ce soit mais qu'elle me demandait sans cesse d'être « gentille » avec les clients. Qu'il fallait alors s'asseoir sur leurs genoux... Vous imaginez bien qu'avec mon caractère je n'admettais pas pareilles choses. Elle ne pouvait pas m'y obliger : je serais allée au commissariat pour porter plainte!

Nicole, par contre, se laissait faire. Elle embrassait les clients... Elle montait sans doute aussi avec eux. Je ne la blâme pas : chacun est libre de mener la vie qu'il veut.

J'ai prévenu mon beau-frère que je ne pouvais plus continuer ainsi parce que j'étais trop malheureuse. Et j'ai attendu la bonne occasion. Elle s'est présentée en la personne d'un camionneur arabe. Il m'a demandé où j'allais et je lui ai donné l'adresse de mes cousins, rue Barbès à Ivry.

Il devait justement se rendre dans la banlieue Nord de Paris. Il voulait bien me conduire jusque là. Comme il paraissait à la fois gentil et convenable, je me suis enfuie avec lui. Nous sommes partis de nuit pour que la patronne ne s'aperçoive de rien. J'avais peur qu'elle ne rattrape le camion en voiture ou qu'elle porte plainte contre moi... J'ai donc fait semblant de monter me coucher et lui, m'a attendue dehors.

Nous avons roulé jusqu'à Paris. Il me parlait de son Algérie avec un accent que j'avais parfois du mal à comprendre.

Il était si humain, si bien et touchant qu'une révolte intérieure contre toutes les sales idées du racisme qui circulent encore tellement, montait en moi pendant que je l'écoutais. A l'arrivée il m'a payé un petit déjeuner et comme je n'avais nulle part où aller, il m'a déposée à Saint-Denis dans un bistrot tenu par des braves gens qu'il connaissait bien. Dernièrement, j'ai voulu revoir ce coin, et je n'ai plus rien reconnu : à la place du petit bistrot, il y a maintenant d'immenses immeubles.

Le patron était un Algérien qui avait une femme française. La présence d'une femme dans ce café m'a rassurée. En cours de route, mon conducteur m'avait posé des questions pour savoir si j'avais un travail qui m'attendait à Paris. Et comme je lui avais avoué que je ne savais pas très bien où aller, il m'avait parlé de ses amis qui pourraient sans doute m'engager. C'est pour cela que nous étions là.

Ces gens m'ont trouvé sympathique et comme la patronne ne faisait pas vie commune avec le patron « il était marié de son côté et il rentrait chez lui le soir », je dormais dans le même appartement qu'elle, au-dessus du bistrot.

Et j'ai recommencé le même genre de travail que celui Que je faisais à Fumay : je servais. Les clients me trouvaient aimable, tout allait bien.

Ça n'a pas duré très longtemps. Il y a eu des bagarres. Parce qu'un client voulait m'inviter à boire un verre et un autre ne voulait pas « il était jaloux ». Parce que je ne parlais pas aussi longtemps à l'un qu'à l'autre... Oh, ce n'étaient pas des bagarres très sérieuses mais enfin ils se battaient entre eux et c'était désagréable pour tout le monde.

J'ai rencontré aussi dans cet endroit une bande de jeunes qui faisaient les poubelles. Je les trouvais très amusants et plutôt gentils. Il y en avait un qui se prenait pour Johnny Hallyday, parce qu'il était blond comme lui... C'était la vedette du coin! J'ai toujours eu l'art d'attirer les vedettes...

Un soir, ils m'ont amenée dîner chez eux. J'avais fait les courses et j'en ai été pour mon argent puisqu'ils étaient tous fauchés tandis que moi, j'avais mes pourboires.

J'ai quitté cet endroit là parce que – au bout de quelques jours – j'ai réalisé qu'on m'exploitait. Je devais mettre les pourboires que le gens me donnaient en commun avec ceux de la patronne et nous partagions ensuite. Je ne trouvais pas ça normal. Qui plus est, elle gardait ce qu'elle recevait pour elle toute seule!

Comme je n'étais plus d'accord, après un mois je me suis dit que ce n'était plus possible et que je ne devais plus rester là. Alors je me suis enfuie.

Il faut quand même que je dise que c'est dans ce bistrot que j'ai commencé à chanter, autrement que sous la douche. J'ai toujours aimé chanter et quand venait mon jour de repos, je restais généralement dans ma chambre pour la mettre en ordre. Je faisais mon rangement en chantant, ce qui n'a pas échappé à la patronne. Elle m'a trouvé une jolie voix et, un jour, elle m'a demandé de chanter dans le bistrot.

Après cela, tous les soirs, les gens me demandaient ma petite chanson. J'aimais cela à moitié, parce que j'avais un peu l'impression de faire le clown, comme ça, entre les tables, et sans accompagnement musical. Je me sentais mal à l'aise dans cette ambiance de langues différentes que je ne comprenais pas.

Vraiment, ce n'était pas un travail pour moi. Comme j'avais mis un peu d'argent de côté, je suis allée chez une cousine du père de mon fils, que j'avais rencontrée lors de mon premier séjour. Je lui ai expliqué mes problèmes et elle a accepté, avec son mari, de m'héberger.

Je suis aussitôt retournée chez M. Stala.

« Oh, *Menina!* Ce n'est pas sérieux ce que vous faites là! En ce moment, tout est difficile. Vous êtes très jeune. Retournez auprès de votre fils, c'est ce que vous avez de mieux à faire... »

Quand M. Stala m'a ouvert les yeux de la sorte, je n'ai pas hésité. Dès qu'on me parle de mon fils, j'ai le cœur qui se déchire.

J'ai repris la route du Portugal encore une fois et me revoilà à la fontière! A l'aller, les Portugais nous laissaient passer, mais je me souviens qu'au retour, on nous demandait 600 escudos (près de 60 francs) en guise d'amende. Allez savoir pourquoi...

Ce n'est pas ce qui a été le plus pénible dans ce retour, je revenais en ayant échoué. Je n'avais pas réussi à me faire une situation à Paris. Je n'avais toujours pas d'argent devant moi... A la maison, l'ambiance était plutôt maussade. « Tu ne seras jamais quelqu'un! » me lançait ma mère.

J'étais vexée, mais je ne pouvais pas repartir pour la France aussi facilement... Je n'ai pas osé retourner encore une fois dans la même usine, alors je me suis faite engager dans une autre entreprise de tissu de Lisbonne. Et j'y ai travaillé presque un an. En donnant, toujours, mon salaire à ma mère.

Mais l'accumulation des insultes dues à mon échec me rendait la vie impossible. Je me sentais une moins que rien et je n'en pouvais plus.

LE VRAI DÉPART (1973)

J'avais mis de l'argent de côté grâce à l'usine. J'habitais chez les grands-parents de mon fils (à cause d'une autre dispute avec ma mère) et ils ne voulaient pas que je paye pour mon séjour chez eux. J'avais donc finalement une somme rondelette pour partir. Enfin, une somme qui, à moi, me semblait importante.

Les grands-parents de mon fils étaient de très braves gens, très bons avec nous. Ils nous nourrissaient, mon fils et moi, mais ils ne voulaient pas entendre parler d'argent. Simplement, je faisais le ménage chez eux, en échange.

Un jour, je me suis dit : « Maintenant je pars! » Je suis retournée chez mes parents, le temps de regrouper les quelques affaires auxquelles je tenais. J'ai tout mis dans une malle, j'ai tout rangé et j'ai embarqué mon fils.

Nous avons d'abord pris le train jusqu'à Vilar Formoso, la frontière entre le Portugal et l'Espagne. Au-delà de Vilar Formoso il y a Fuentes de Oñoro, en Espagne.

Nous sommes montés dans le train qui arrivait à la frontière vers dix-neuf heures. Dès que celui-ci s'arrêtait à Vilar Formoso, il fallait descendre, parce que sans cela la police entrait dans les compartiments et demandait les passeports.

J'ai ensuite attendu sur le quai que le train reparte, puis j'ai gagné une petite auberge qui n'était pas très loin de là. Quand on parle d'auberge, en France, on imagine quelque chose d'assez chic pour week-ends raffinés... Mais, chez nous, une auberge c'est un endroit assez pauvre. Exactement ce qu'il me fallait : je ne disposais pas d'assez d'argent pour me rendre dans un lieu plus sophistiqué.

Là, j'ai commencé à me renseigner. « Est-ce que ce train reste longtemps en gare? » « Est-ce qu'il y a un autre train plus tard? » « Est-ce qu'à la frontière, on doit montrer son passeport? » Ainsi de suite... Mine de rien, j'essayais de savoir, afin de dresser mon plan.

La dame de l'auberge m'a répondu très gentiment. Je pense qu'elle savait très bien pourquoi je posais toutes ces questions, mais elle a fait semblant de ne pas comprendre.

Elle m'a dit que, de 21 heures à 23 heures, il n'y avait personne... Et, c'est surtout cela que je voulais savoir. J'ai donc laissé passer un peu de temps et vers 21 h 30, après avoir fait manger le petit, j'ai repris ma valise en carton, et nous sommes passés.

J'ai marché sur les rails, sur la voie de chemin de fer. Il faisait nuit et il s'est bientôt mis à pleuvoir... Heureusement j'avais emporté un parapluie.

J'ai avancé ainsi, sans bruit, jusqu'au moment où j'ai entendu une voix qui appelait : « Halte! Qui va là? » C'était de l'espagnol. Je ne parlais pas cette langue mais je la comprenais suffisamment pour savoir ce qu'il voulait.

J'ai eu très peur. Je me suis arrêtée. Je ne voyais plus rien dans la nuit. J'étais déjà assez loin dans la ville et il n'y avait plus que la montagne devant moi. Je me suis cachée dans un petit sentier.

Peu après, nous avons été repérés par le chien berger allemand des douaniers et il a attiré son maître jusqu'à nous.

Le carabinier nous a trouvés. Comme un fait exprès le petit s'est mis à pleurer, parce que je venais de déraper sur une racine d'arbre... A vrai dire, je commençais à n'en plus pouvoir. Tenir l'enfant dans mes bras et porter la valise en même temps sur ces chemins pas très réguliers... J'étais épuisée.

Tellement vidée, qu'au bout d'un moment, je me suis dit : « Tant pis pour la valise, je la laisse là! » Et j'ai jeté ce poids lourd pour mieux continuer ma route. « Nous passerons tous les deux, et peu importe le linge! » pensais-je.

C'est à ce moment-là que j'ai entendu le douanier. Il m'a vu avec le môme en larmes... Je lui ai expliqué, tant bien que mal, ce que je faisais là. Il s'en doutait bien.. Je devais avoir une tête terrible, une allure pitoyable... En tout cas, j'ai réussi à provoquer sa pitié.

« Vous n'avez pas de bagage? »

Je lui ai fait comprendre que j'avais jeté la valise à quelques centaines de mètres de là, parce qu'elle me pesait trop et que je ne pouvais plus avancer. Alors il a pris le petit dans ses bras et il a dit : « Venez, nous allons rechercher votre valise... ».

Avec lui, nous sommes revenus en arrière et nous l'avons récupérée. C'est lui qui l'a portée avec le petit. Il ne parlait que l'espagnol mais il était très bon, très humain. Nous nous comprenions sans avoir à parler.

Il m'a remise dans la bonne direction : « Vous n'avez qu'à marcher vers cette lumière qui brille là-bas ».

J'avais l'impression que la lumière qu'il m'avait indiquée était toute proche. Vous savez, lorsque vous voulez absolument aller quelque part. Plus la lumière s'approche, plus elle est loin en réalité. C'est une impression d'optique... Alors j'avançais, j'avançais... c'était terriblement loin. Le petit pleurait beaucoup, moi je pleurais aussi... Je ne savais plus quoi faire. J'aurais voulu qu'une bonne fée agite sa baguette magique et nous transporte d'un coup à destination. Je trouve que nous aurions bien mérité ce miracle!

Enfin, nous sommes arrivés... Cette lumière, que je croyais toute petite, était en réalité énorme. C'était Fuentes de Oñoro, l'Espagne! Lorsque le carabinier m'a dit que je pouvais passer, il m'avait déjà mise sur le territoire espagnol. Mais, à la frontière, il n'y a pas tout de suite de maisons...

Les premières personnes que j'ai rencontrées étaient un couple de personnes âgées. A Fuentes de Oñoro, la maison dont j'avais tant désiré la lumière, avait l'habitude de recevoir des réfugiés, des Portugais qui passaient – comme moi – la frontière en fraude.

Je suis arrivée, j'ai sonné et j'ai dit que je venais de la part du douanier. Il y avait d'autres réfugiés dans la maison. On nous a servi à manger. On nous a donné une chambre et le lendemain il a fallu reprendre la route.

C'est alors que je me suis rendue compte que je n'avais pas beaucoup d'argent et que s'il fallait payer cet hébergement d'une nuit, il ne m'en resterait plus. Je le leur ai avoué. Le monsieur était sympathique. Il m'a dit qu'il allait faire au mieux...

J'avais un petit collier autour du cou – je ne possédais plus la chaîne en or de mon fils évidemment puisque je l'avais déjà donnée – et j'ai proposé de le leur laisser... Je n'ai jamais raconté tout ça à mon fils. J'espère qu'il ne m'en voudra pas d'avoir échangé ces colliers contre notre liberté.

Les hôteliers ont accepté. Je leur ai promis, qu'aussitôt arrivée en France, je leur enverrais de l'argent pour les rembourser – ce que j'ai fait.

Ils ont pris pour moi les billets de train et ils m'ont conduite à la gare, m'assurant qu'à partir de là je ne risquais plus d'avoir de problèmes.

Je suis arrivée à Hendaye très tranquillement et là, j'ai dû attendre le train qui m'amènerait jusqu'à Paris, gare d'Austerlitz le lendemain vers dix-sept heures. On m'avait conseillée de prendre ce train-là parce que c'était le moins risqué. A cette heure de l'après-midi, personne n'allait venir m'embêter en me demandant mes papiers.

En partant du Portugal je n'avais pris un billet que jusqu'à Vilar Formoso. Si j'avais demandé un ticket pour Paris, inévitablement, on m'aurait réclamé mes papiers... Et je n'avais pas de passeport!

J'avais un peu d'argent sur moi, mais je ne voulais pas m'en désaisir par crainte de me retrouver sans rien un peu plus tard. Je ne voulais pas arriver à Paris les poches complètement vides. Et je ne voulais pas prendre le risque de terminer le voyage sans un sou. S'il m'était arrivé quelque chose...

J'ai eu beaucoup de chance en Espagne. Je suis tombée sur un policier qui m'a demandé mes papiers... Ce jour-là, c'était encore une fois un jour de grâce. Je n'avais à lui présenter que ma carte d'identité. « Toi, a-t-il dit, tu vas passer en France, hein? Et tu n'as pas de passeport, bien sûr. « J'ai reconnu que c'était la vérité. Il a voulu savoir pourquoi je voulais gagner la France. Il était jeune, gentil... J'ai eu confiance en lui et je lui ai raconté mon histoire, ma mère, la baraque, l'espoir de travailler en France... Il a fini par dire « Allez, ça va, ça va... » et il m'a laissée partir.

Après, je n'ai été importunée par personne jusqu'à Hendaye. Je crois que ma sincérité m'avait porté chance. Si j'avais essayé de biaiser, de mentir, je n'aurais peut-être pas réussi à les convaincre de ma bonne foi. J'ai été franche, cela a joué en ma faveur. Et puis, si j'avais essayé de lui faire croire que j'avais un passeport, où est-ce que cela m'aurait mené? Je n'aurais jamais pu le lui présenter et il m'aurait embarquée, c'est sûr. Les gens sont toujours beaucoup plus gentils avec vous s'ils sentent que vous ne cherchez pas à les entortiller, à les rouler.

Je crois aussi que mon fils m'a aidée à faire ce chemin. A 80 %, il a ému tous ceux que j'ai rencontrés. En me voyant avec ce tout petit dans les bras les gens étaient immédiatement moins agressifs avec moi. Ils me croyaient plus facilement.

Et puis, il faut bien dire que je n'avais pas du tout l'air

d'une poupée fardée! Je peux dire que j'ai découvert ce qu'est le maquillage en arrivant en France. Avant je me lavais la figure matin et soir au savon, je me donnais un coup de peigne et cela suffisait. Ma « jeunesse » ne réclamait rien de plus.

En arrivant à Hendaye, j'ai donné à la douane l'adresse de la seule personne que je connaissais à Paris, le cousin du père de mon fils que j'avais contacté lors de mon premier séjour. Il m'avait dit que si je voulais revenir un jour, il m'accueillerait volontiers. Aussi, je lui avais écrit du Portugal pour lui demander s'il voulait bien de nous et il avait répondu « D'accord ».

J'ai donc donné à la frontière une adresse que je n'oublierai jamais : 59 rue Barbès, à Ivry. Mais je suis tombée sur un policier qui était un vrai salaud. C'est le seul Français à qui je puisse donner ce titre depuis que je suis dans ce pays... Je ne fais pas de la démagogie de super-marché : c'est vrai, les Français ont toujours été formidables avec moi.

Celui-là, il avait le style Kojak, crâne chauve et luisant. Il me dit : « Venez dans mon bureau... »

Il ne voulait pas me laisser passer. Lorsqu'il a ajouté qu'il voulait que je reste avec lui et que le lendemain il promettait de me remettre au train, j'ai tout de suite compris ce qu'il me voulait et pourquoi il m'empêchait de continuer ma route. Il avait des intentions très précises...

Je ne parlais presque pas français et il en profitait. Il riait de moi avec ses copains. J'avais des cheveux longs et, à un moment donné, il a attrapé ma chevelure pour faire semblant de la mettre sur sa tête à lui.

« Ça me va bien, non? » ricanait-il en me tirant les cheveux, en se regardant dans la glace comme un paon fier. Alors je l'ai violemment bousculé et je suis sortie de son bureau, avec mon fils dans les bras. Je parlais en portugais, mais personne ne me comprenait. La colère montait en moi et le bonhomme de l'immigration a compris qu'il fallait me laisser passer s'il voulait éviter le scandale. Il m'a laissé prendre le train de l'autre côté du quai.

A ce moment-là, il ne me restait que quarante francs en poche pour aller jusqu'à Paris et acheter de quoi manger au petit... Je suis arrivée à Paris avec cinq centimes!

Heureusement qu'on m'attendait à la gare. D'une part, parce que j'étais sans un sou mais aussi parce que je ne connaissais rien de cette ville gigantesque.

Le cousin du père de mon fils est donc venu me chercher et il m'a installée chez lui, dans un bidonville qu'il avait quand même très bien arrangé. Les Portugais, quoi qu'il puisse leur arriver, sont toujours très propres. D'une cage à poules, ils vous font quelque chose de vraiment très bien. Vu de l'extérieur cela semble quelconque, mais quand vous entrez dedans... Et puis ils sont très chaleureux, et cela se sent immédiatement.

Il y avait une chambre pour sa femme et lui ainsi que pour le berceau du bébé. Ils avaient une fille et deux garçons et elle gardait le plus petit, avec elle. Dans l'autre chambre, il y avait deux lits superposés... Elle a mis un autre de ses enfants dans sa chambre en posant le matelas par terre, et moi, j'ai dormi avec mon fils dans l'autre chambre dans le petit lit du dessous.

Et le lendemain j'ai rencontré M. Stala. C'est moi qui lui ai fait la surprise d'aller le voir. Ça l'a fait rire de me retrouver là. « Vous êtes une drôle d'entêtée, vous! »

Je lui ai raconté ce qui m'était arrivé, où j'habitais, qu'il fallait que je me débrouille... S'il ne m'avait pas engagée, j'aurais été ailleurs, mais je me serais débrouillée quand même.

Il a été très gentil, il m'a donné du travail.

Mes cousins ont, eux aussi, été adorables avec nous. Mais j'ai vite senti que je les gênais. Ils n'avaient plus de vie privée avec moi au milieu de leur salon. Tout devenait faux dans nos rapports et je me suis dit que, si je voulais leur éviter des disputes, il fallait que je fasse quelque chose. En fait, ils se disputaient beaucoup, et je crois qu'au bout de quelque temps ma cousine a eu une sorte de jalousie à mon égard. Là, il fallait vraiment que je m'en aille.

Je n'ai jamais aimé briser les ménages. Je n'ai rien d'une dévoreuse d'hommes. Ma cousine n'avait aucune raison de se montrer jalouse. J'ai toujours été une fille très correcte et j'essayais à tous prix de me tenir en dehors de leurs histoires. Dès que je pouvais sortir et rester loin de leur maison, je le faisais.

En dessous de l'usine de M. Stala, habitait un couple qui, au moment où je commençais à chercher un hébergement, décida de partir. Ils avaient réuni suffisamment d'argent pour se prendre un logement en dur et ils attendaient une réponse des HLM, pas loin de là. Dès que j'ai su qu'ils allaient libérer leur logement, j'ai demandé à M. Stala s'il pouvait me le donner.

Il me l'a un peu installé et moi, je l'ai rangé. Il y avait des fissures parce que les habitants précédents avaient enlevé tout ce qu'ils avaient mis au mur auparavant...

Je me souviens que, comme je n'avais pas de papiers peints à mettre, j'ai posé des cartons d'emballages... Et j'ai habité là. Jusqu'au jour où M. Stala m'a signifié qu'il fallait que je règle ma situation et que je me mette à jour en me faisant des papiers légaux.

Tout ça c'était très bien, mais je ne parlais pas vraiment le français, je ne le lisais pas non plus... Comment aurai-je pu trouver du travail dans ces conditions? Ce que je faisais chez M. Stala ne pouvait être qu'un travail au noir : il ne pouvait pas me déclarer. Mais il avait déjà été assez bon de m'aider ainsi...

Je me suis acheté des livres en français, mais, même en me cassant la tête, je ne parvenais pas à comprendre un traître mot... Je me suis entêtée et, petit à petit, c'est venu. Je ne sais pas comment j'ai fait... Lorsque vraiment je ne comprenais pas, je demandais à M. Stala de m'aider et il m'expliquait pas mal de choses. C'est – curieusement – en lisant le français sans le connaître que j'ai appris cette langue.

Je me suis débrouillée tant bien que mal et on a fini par me proposer un travail dans une usine du Kremlin Bicêtre : chez Géo (les charcuteries).

En réalité, c'est moi qui leur ai fait une offre de travail et – miracle! – j'ai été acceptée. C'était d'autant plus miraculeux que je n'avais pas de permis de travail. Mais ils cherchaient de la main-d'œuvre et ils acceptaient de faire eux-mêmes la demande de ma carte de travail. Nous donnions nos noms, nos adresses et ce sont eux qui faisaient les papiers. Il fallait tout de même courir à la préfecture, à droite, à gauche, mais j'ai tout fait sans rechigner. J'étais si contente d'être enfin « officielle ».

Je travaillais dans une chambre froide, à la chaîne. Celle où l'on prend les sachets pour mettre dedans les tranches de jambon, de saucisson... Plus loin, le sac est hermétiquement clos par la machine... Tout est automatique, bien sûr. C'est ça que vous trouvez dans les magasins.

Je ne peux pas dire que ce travail me plaisait tellement. Il était tellement dur! Et ça me déprimait de penser à tous ces animaux que je voyais arriver vivants pour ressortir sous la forme de saucisses et jambons!

Pour le petit, j'avais une bonne solution. Une dame, qui avait déjà beaucoup d'enfants, faisait la nourrice pour moi, et me le gardait toute la journée. Ça m'arrangeait vraiment bien.

Par rapport à ce que je gagnais au Portugal, j'avais l'impression de toucher énormément d'argent... Mais il ne faut pas imaginer pour autant que c'était beaucoup... Je ne me rappelle pas les chiffres exacts..

Ce dont je me souviens parfaitement, par contre, c'est de l'utilisation que j'ai fait de ma première paye. J'ai acheté une petite cuisinière pour remplacer le camping-gaz que j'avais, une couverture, des draps... Des vêtements aussi, parce que j'étais toujours aussi mal habillée. Je portais encore les vieilles bottes que j'avais achetées en Espagne. Je les ai fait durer quatre ans! Dieu que j'ai pu les porter! Je les astiquais... Je les aimais bien.

J'ai acheté aussi des affaires pour le petit. Et j'ai payé la nourrice, qui ne gardait mon fils que le jour puisque j'avais la chance de pouvoir le reprendre tous les soirs.

Ce qui m'a le plus dérangé, lorsque je suis arrivée en France, c'est le froid. Dans ma petite pièce il faisait très froid et à la chaîne chez Géo, n'en parlons pas! Je ne le supportais pas. J'avais l'habitude du Portugal, de son soleil, de sa chaleur...

J'en suis tombée malade. Il a fallu que je rentre à l'hôpital du Kremlin-Bicêtre. Ma maladie ne me faisait pas peur, mais j'étais terrorisée à l'idée de laisser mon fils. Déjà, je me voyais obligée – comme ma mère avec moi – de l'abandonner dans un collège...

Heureusement, une copine qui travaillait avec moi à l'usine m'a promis de s'en occuper. « Ne t'inquiètes pas, je vais garder ton fils... Je le prends chez moi. »

C'est ce qu'elle a fait avec beaucoup de gentillesse. La première semaine, elle est venue me rendre visite à l'hôpital avec le petit. Tout allait bien. Elle s'en occupait parfaitement et l'enfant semblait très joyeux.

Mais cela n'a pas été suffisant pour me guérir. Je ne me sentais vraiment pas bien et – pire que tout – j'étais en pleine dépression.

Ma déprime est allée en s'aggravant lorsque, le dimanche d'après, ma copine n'est pas venue me voir avec mon fils. J'ai trouvé ça très bizarre. Cela m'a tellement obsédée que j'ai demandé à sortir de l'hôpital en prétextant que j'avais des problèmes avec mon fils. Ce qui était partiellement vrai d'ailleurs.

Le docteur n'a rien voulu savoir. J'avais des faiblesses parce que je ne mangeais pas, et il fallait me donner du sang pour me remonter. On a du me faire une transfusion sanguine.

Je devais peser à peine 52 kilos, à l'époque. Ce n'était pas parce que je n'avais pas assez à manger – je me nourrissais à ma faim, lorsque je travaillais chez Géo – mais plutôt une question de fatigue. Mon moral était atteint et je n'avais plus le cœur à faire les choses. Je crois aussi que je me sentais extrêmement seule avec le petit à ma charge.

Finalement, je me suis reprise et j'ai pu sortir de l'hôpital pour aller le chercher. Inutile de vous dire que la première chose que j'ai faite, ça a été de courir chez cette femme, pour voir ce qu'était devenu mon fils.

Lorsque je dis qu'il y a un destin pour chacun, je repense souvent à cette histoire. Il n'y a pas de doute : quelqu'un nous domine et nous guide. Comment ne pas croire que c'est au Bon Dieu que je dois d'être arrivée à temps chez elle? Son mari et elle étaient en train de déménager!

Ces gens-là partaient de chez eux, parce que leur fille, Elisabeth, les avait quittés. Ils voulaient garder mon fils pour remplacer leur enfant partie!

Incroyable, non? J'arrive chez eux, ils sont en train de déménager... J'aurai pu venir à un autre moment... C'est une première coïncidence. Autre hasard curieux, j'ai demandé à sortir de l'hôpital ce jour-là. Pourquoi ce jour-là et pas un autre jour? Je ne sais pas. Toujours est-il que – guidée par je ne sais qui – je suis arrivée à temps. Je ne veux forcer personne à croire comme moi en cette force céleste, mais j'y crois et je trouve qu'on ne peut pas la nier.

J'ai donc repris mon petit et je suis rentrée chez des amis. Il faut que je vous dise qu'à l'hôpital j'avais fait la connaissance d'une jeune fille que j'aimais bien. Elle était très sympathique, mais elle était en dépression permanente. Or moi, après avoir été soignée pour ma faiblesse, j'avais aussi fait une belle déprime et on m'avait changée de service. On m'avait mise avec les filles dépressives.

Je crois qu'en fait, je n'ai jamais été vraiment en dépression nerveuse. Mais je suis très nerveuse – ça, c'est vrai, encore maintenant – et mes nerfs avaient pris le dessus. A un point tel que je ressentais une douleur dans le bras gauche et que finalement je ne pouvais plus le bouger.

On m'a fait des radios pour voir ce qui se passait mais on ne trouvait aucune trace de traumatisme. Je n'avais rien en apparence. Ce devait être quelque chose comme une tétanie due à la nervosité. Mais, à ce moment-là, on parlait peu de ces maladies qui sont aujourd'hui très connues.

Comme on ne voyait rien sur les radios, les médecins me traitaient de menteuse. Ils croyaient que je voulais rester plus longtemps à l'hôpital pour ne pas avoir à retravailler... J'avais beau leur dire que je me sentais mal, que je ne pouvais faire certains mouvements, ils ne voulaient pas me croire.

J'étais donc dans le pavillon des déprimés. Il n'y avait pas que des malades des nerfs dans ce pavillon mais aussi des fous... Et cette fille avec qui j'avais sympathisé. Ses parents venaient la voir souvent et ils ont su, bien sûr, ce qui était arrivé à mon fils. Ils en étaient très peinés. Moi, je parlais trop mal le français pour vraiment me confier à eux, mais je me faisais comprendre (cela faisait à peine quelques mois que j'étais en France).

Cette fille m'avait présenté ses parents et ceux-ci m'ont dit : « Linda, si vous voulez venir chez nous, dans notre maison, vous serez la bienvenue. Avec votre fils, bien entendu. »

J'ai omis de dire aussi que, tout de suite après avoir récupéré mon fils, j'étais retournée à l'hôpital pour finir de guérir. Et c'est la cousine du père de mon fils qui me gardait Jeannot pendant ce temps-là.

A l'hôpital, j'avais fait la connaissance d'un médecin assez jeune, beau, et qui s'était intéressé à mon cas. Il venait souvent me voir... Il était extrêmement gentil avec moi et j'avais un petit béguin pour lui.

C'est lui qui, le jour où je suis sortie de l'hôpital, m'a accompagnée à la maison de mes amis. En me déposant, il m'a invité à dîner pour le lendemain. Mais le lendemain quand il est venu me chercher, c'était pour s'excuser et m'annoncer qu'il avait une urgence. Il ne pouvait donc pas sortir avec moi. Il est reparti, c'était fini.

J'ai eu une peine terrible. J'ai beaucoup pleuré en rentrant à la maison. J'ai donné une raison honorifique à mes larmes... (J'étais déjà très fière). Vis-à-vis de mon amie et de ses parents, je ne voulais pas perdre la face. Mais j'avais compris qu'il avait trouvé là un prétexte bien pratique, et j'étais blessée.

Je me suis dit qu'il avait honte de moi, que je devais être affreuse... Et puis, ça ne faisait que confirmer ce que ma sœur m'avait toujours dit : « tu es Portugaise, jamais un Français ne s'intéressera à toi. » Je ne pouvais pas être le style de filles qu'aiment les Français! Je n'arriverais jamais à trouver quelqu'un qui n'aura pas honte de moi...

Mais je ne suis pas le genre de personne qui se laisse abattre à son premier affrontement avec la vie. Je me suis assez vite reprise.

Les parents de mon amie avaient un pavillon. Ils représentent à mes yeux le couple modèle. Jamais de disputes, jamais un mot plus haut que l'autre, un grand respect entre eux deux et un amour immense pour leur fille qu'ils voulaient absolument sortir de son désespoir...

La mère était très gentille et le monsieur avait une situation assez importante pour qu'elle lui permette d'assouvir largement tous leurs désirs.

Ils m'ont gardée chez eux sans jamais rien me demander. Mais je participais aux travaux du ménage et c'était bien la moindre des choses. Au bout de quelques temps, je me suis rendue compte qu'il fallait que je trouve un travail, que je ne pouvais pas rester ainsi à la charge de ces gens. Je me suis donc mise à étudier vraiment le français.

Comme ils partaient en vacances en août, ils m'ont demandé s'ils pouvaient me confier la maison et leur fille. Elle retravaillait, elle était employée dans un Prisunic. Elle avait dix-huit ans. Tout cela se passait à Bagneux.

J'ai profité de leur absence pour faire un grand ménage à fond dans la maison. J'ai tout retourné, tout nettoyé... Mais en même temps, comme je commençais à mieux connaître le français, j'achetais tous les jours le journal pour essayer d'y trouver un emploi. Je regardais dans la colonne « femmes de chambre ». Mon amie m'avait expliqué ce que cela voulait dire et cela me semblait tout à fait dans mes cordes.

Lorsque j'ai trouvé une offre d'emploi, je me suis présentée à cette place.

Dans le même temps, mon amie s'était mise en tête de me marier et elle m'avait trouvé un « fiancé ». Il voulait bien m'épouser, mais sa famille n'était pas très chaude à l'idée qu'il épouse une femme déjà dotée d'un enfant. Quand il m'a avoué ça, je crois qu'il a payé pour tout le monde. Je me suis énervée et je lui ai dit de prendre le large. « Allez, bye, bye! »

Nous nous sommes revus quelques fois (parce que c'était un ami de la famille chez qui je vivais) et je l'ai laissé espérer un peu... Il venait, on flirtait gentiment... rien de bien sérieux.

Mais, vraiment, je ne pouvais pas rester comme ça, chez ces gens si aimables à mon égard. J'étais nourrie, logée, protégée, mais je n'avais pas un sou. Et puis, il arrive toujours un moment où l'on se dit qu'on ne peut pas abuser ainsi de la gentillesse des gens, de leur aide. Je voulais être libre et je ne tenais pas à vivre aux crochets des autres. Même s'ils semblaient y trouver leur compte en me laissant faire leur ménage.

Je me suis présentée à cette place qui offrait un poste de femme de chambre. C'était à l'hôtel Arromanches, rue de Chateaubriand.

J'étais la treizième personne à attendre. Je n'avais pas de papiers (puisque ma maladie m'avait arrêtée pendant plus d'un an) et j'étais en situation irrégulière en France.

J'ai expliqué mon problème et j'ai eu de la chance : le monsieur a accepté de me recevoir quand même. Quand j'ai su que j'allais être reçue par un homme, j'ai compris que c'était gagné. Avec les femmes, je sais que cela se passe moins bien. C'est toujours la même histoire, il n'y a rien à faire. Avec les hommes, j'ai de bien meilleurs contacts... Et puis, je ne dois pas utiliser toutes mes armes avec les femmes, alors ça ne marche pas aussi bien. Avec les hommes, par contre, je suis beaucoup plus à l'aise et je tente d'obtenir plus... comme toutes les femmes qui savent jouer un peu de leur charme... Quand on a besoin de quelque chose, il ne faut pas hésiter une minute à utiliser tous ses atouts. La séduction c'est notre arme à nous, les femmes!

Je suis donc arrivée à visage découvert. Il me semblait que, si je me maquillais, on me renverrait.

A la réception de l'hôtel il y avait un homme venu de l'Ile Maurice et par une malice du hasard, il s'appelait lui-même M. Maurice! C'est lui qui était chargé de faire un premier barrage. Comme, selon toute apparence, je lui ai semblé convenable, il m'a présentée à la patronne. J'ai paru sympathique à cette dame : ils m'ont donné la place.

Ils m'avaient fait passer tout de suite, je ne sais pas très bien pourquoi... Peut-être parce que j'étais la treizième et que « 13 » c'est mon chiffre. Pour bien des gens c'est un porte-malheur, pour moi au contraire c'est un chiffre qui m'a toujours porté bonheur.

Dès que j'ai été engagée, j'ai mis ma patronne au courant de ma situation.

« Je suis ravie de travailler chez vous, mais j'ai un problème : j'ai un petit garçon et nous vivons chez des gens, assez loin d'ici... Je suis vraiment dans la misère, je n'ai rien et je dois quitter cette famille... »

Elle a eu un geste formidable. Elle habitait rue Saint-Dominique et elle avait une chambre de bonne vide, au-dessus de chez elle... elle me l'a donnée.

Ainsi, du jour au lendemain, j'ai bouclé ma valise et je me suis installée dans cette chambre. Bien sûr, comme elle n'avait pas été habitée depuis longtemps, il a fallu que je débarrasse tout, que je lave à fond... J'ai lessivé, j'ai calé mon lit et je me suis retrouvée dans mes murs... enfin!

Bien entendu, j'avais emmené mon fils avec moi.

Comme cette femme était gentille! Elle s'appelait Mme Briand. C'est drôle de s'appeler Mme Briand et d'habiter rue de Chateaubriand... Je lui avais demandé si cela ne la gênait pas trop que j'emmène le petit avec moi à l'hôtel... Elle m'a répondu que cela ne posait aucun problème, alors il me suivait partout. Il était devenu l'enfant de l'hôtel.

Il avait cinq ans et il n'allait pas encore à l'école. Mais il fallait absolument que je l'inscrive.

Mon travail ne présentait guère de nouveauté au fil des jours. C'était tout le temps le même emploi du temps, mais l'ambiance était bonne. Lorsque je me présentais le matin, je faisais le ménage des chambres et j'essayais de m'en tenir à ça. Mais il y avait souvent des histoires avec les clients. J'étais très agressive parce que les gens confondent vite la femme de chambre avec la « pute » (chère à ma mère et qui avait tant traumatisé mon adolescence). Je tenais à montrer que j'étais une personne digne de respect. Aussi, lorsqu'un client voulait faire des pirouettes dans le lit avec moi, paf! il prenait un coup de poing dans la figure. Je n'y allais pas par quatre chemins...

C'est vrai! J'étais prête à tout pour prouver que j'étais une femme sérieuse et honnête. Et j'étais persuadée que c'était comme ça qu'il fallait faire!

Un jour, j'ai vu débarquer un monsieur tout frisé que je connaissais de vue parce que Paris était recouvert d'affiches à son effigie : c'était Robert Charlebois. Il était client de l'hôtel Arromanches depuis des années (et l'est encore aujourd'hui je crois). Je l'ai servi pendant trois semaines... J'ai même fait les ourlets des pantalons de scène de ses musiciens...

C'était un drôle de bonhomme, Charlebois! Je me rappelle que j'étais fascinée par ses pantoufles. Elles avaient des doigts! On aurait dit des chaussures de clown.

Il était là avec sa femme, une fille superbe, brune aux yeux verts, très élégante. Elle avait un manteau de fourrure, un vison. Quand j'ai vu ça, je n'ai pas pu y tenir : je l'ai essayé. J'étais devant la glace en train de me tortiller, lorsqu'elle est entrée. Elle m'a vue comme ça. Je suis devenue rouge comme une pivoine. Je ne savais plus quoi faire, ni quoi dire. J'aurais voulu entrer sous terre. Mais elle n'a pas crié, elle ne s'est pas plainte à la direction non plus.

J'avais un peu de mal à réaliser ce que disait Robert Charlebois, à cause de son accent canadien. Mais il faisait des efforts pour se faire comprendre.

Un jour aussi, j'ai mis ses pantoufles pleines de doigts et quand il m'a vue comme ça dans le couloir, il s'est mis à rire.

C'était un client adorable. Avec lui, il n'y a jamais eu l'ombre d'un problème.

Ce n'est pas comme avec ce client espagnol... Il venait de Barcelone et c'était aussi, un habitué de l'hôtel. Il avait vraiment pris ses aises rue de Chateaubriand. Je l'ai su plus tard lorsque la femme de chambre espagnole qui travaillait avec moi me l'a raconté : il avait déjà tenté sa chance avec les femmes de chambre qui m'avaient précédé!

Il n'y avait guère de personnel pourtant dans cet hôtel : Delphine, plus la soubrette espagnole, et un garçon qui réparait (il nous aidait pour les travaux difficiles) et enfin moi.

C'est avec Delphine et ma patronne que j'ai appris à mieux parler votre langue. Elles m'expliquaient les choses. Elles me reprenaient lorsque je faisais des erreurs...

Un jour, il s'est passé une histoire drôle. M. Maurice était un homme très rigolo qui racontait beaucoup de choses marrantes. Il adorait se moquer de moi, gentiment : « Linda, vous comprendre français maintenant... » Je riais et je lui répondais : « Oui, moi comprendre français, Monsieur... »

Il avait en plus cet accent inimitable qui lui venait de ses îles natales... Alors, lorsqu'il parlait petit nègre, il était très amusant. Mais il en profitait aussi pour m'apprendre des mots très grossiers en espérant que je les répèterais plus tard.

Ainsi un soir, il m'a dit : « Linda, restez ici, s'il vous plaît, et si un client me demande à la réception, vous répondrez : M. Maurice est aux chiottes! » Qu'est-ce que cela pouvait vouloir dire? Je ne comprenais pas un traître mot de cette phrase que je répétais dans ma tête avec application pour ne pas l'oublier et être sûre de la dire convenablement... J'étais là, très digne, et très fière de mon langage typiquement parisien... Ravie aussi de la confiance qu'on me faisait en me confiant la réception, ne fût-ce qu'un instant.

Arrivent des clients, dont un qui était déjà venu plusieurs fois. Celui-là, je le connaissais bien parce qu'il était toujours dans mes jambes. Il disait que je le soignais si bien... Il s'appelait M. Dumas. Il a demandé M. Maurice. Je lui ai répondu tout de go : « M. Maurice pas là. M. Maurice est aux chiottes! » Heureusement pour moi, il a éclaté de rire dans le hall. Je pense que mon accent et mon application à bien dire ma phrase, avaient fait passer la vulgarité de mon vocabulaire.

Lorsque M. Maurice est revenu, il a tout expliqué en s'excusant auprès des clients. Il avait la confiance de tous parce qu'il travaillait là depuis longtemps...

Il prenait un malin plaisir à me jouer des tours et à me faire marcher. Ce qui a fait que, très vite, je me suis mise, moi aussi, à lui faire des farces.

J'ai fait venir un jour et ça ce n'était pas une blague, une de mes sœurs du Portugal. Mon beau-frère était toujours en France, mais ma sœur et leurs deux enfants vivaient encore au Portugal. En fait, ils n'étaient pas mariés, eux non plus, mais peu importe.

Mon beau-frère se trouvait maintenant à Antony, près de Paris (son contrat de Fumay était terminé). Je ne cessais de lui répéter : « Pourquoi ne faites vous pas venir votre femme et vos enfants ici, ce serait plus facile pour vous, et plus agréable aussi pour eux? »

Il a fini par se décider à le faire. Ma sœur est venue, mais elle a laissé les enfants à ma mère, qui s'en est occupé. Ils se sont installés à Paris.

Ça m'a fait plaisir pour ma sœur, qu'elle n'ait pas mon destin, de rester seule. Elle ne méritait pas ça. Elle n'avait jamais connu d'autre homme que celui-là. Du jour où elle l'avait rencontré, elle s'était dit que c'était l'homme de sa vie, l'unique.

De mon côté, je m'étais bien débrouillée. A proximité de ma chambre de bonne, il y avait une autre chambre que j'ai réussi à échanger contre du travail. Avant l'arrivée de ma sœur j'ai discuté avec ma patronne. On cherchait quelqu'un pour l'hôtel, j'ai donc préparé le terrain. « Vous savez, j'ai une sœur qui est très bien, elle vient du Portugal, elle aimerait travailler... »

Quand ma sœur est arrivée à Paris, elle avait une chambre, du travail, tout était fait.

Ma sœur et moi, nous n'avons jamais été très proches l'une de l'autre car lorsque je suis sortie du collège à onze ans, elle est tout de suite partie vivre avec son mari.

Mais, très vite, les choses ont commencé à aller moyennement entre nous. Il y a eu des histoires : deux sœurs qui travaillent ensemble... Elle mangeait avec ses copines à midi et jamais avec moi. Malgré tout ce que j'avais fait pour elle! J'ai senti que des petites gênes s'installaient à l'hôtel... J'ai préféré partir.

J'ai cherché un autre hôtel qui m'offrait les mêmes conditions, une chambre, un salaire... et j'ai trouvé, rue Roquépine. Curieusement c'est à deux pas de mon bureau actuel. Coïncidence amusante, non?

J'ai donc travaillé ensuite à l'hôtel Europe. Ce qui avait un avantage formidable : l'école était juste à côté. Deuxième avantage : ma chambre était au coin de la rue, au 22, et ce chiffre m'a toujours porté bonheur : je suis née un 22.

J'avais une chambre plus grande, mignonne... J'étais au troisième étage, si bien que je n'avais pas l'impression d'habiter vraiment une chambre de bonne.

Ces chambres étaient réservées au personnel, qu'il ait des enfants ou non. Nous y étions vraiment bien.

Je commençais à sept heures le matin. Je laissais généralement mon fils dormir dans la chambre et j'allais servir les petits déjeuners. Lorsque j'avais terminé, je revenais, je l'habillais et je l'amenais à l'école.

Je garde un souvenir cruel de son premier jour d'école. Savez-vous ce qu'il m'a dit ce matin-là? Le mot qu'il avait tellement entendu dire au Portugal et qui faisait partie de son vocabulaire de base dans sa tête : « pute! ». Il me l'a dit parce qu'il croyait que j'allais l'abandonner.

En mettant mon fils à l'école, je me retrouvais dans la même situation que celle que j'avais vécue des années auparavant. Ça m'a fait une peine terrible de sentir que mon fils passait par les mêmes sentiments que moi. Il pleurait, et cela me rappelait le jour ou ma mère m'avait amenée au collège. En l'espace de quelques secondes, j'ai tout revu dans ma mémoire et j'étais, moi aussi, au bord des larmes.

Comme j'ai eu mal en entendant ces mots sortir de la bouche de mon fils! « Pute, pute... » Bien sûr, il était petit et il ne savait pas ce qu'il disait, mais tout de même! Ce mot infernal me poursuivait à travers les êtres qui m'étaient les plus chers...

Pour redonner confiance à mon fils, je n'ai pas voulu le laisser à la cantine. Ça ne m'arrangeait pas vraiment, parce que je ne disposais que d'une heure pour manger, et aussitôt après il fallait que je recommence à travailler jusqu'à dix-huit heures. Mais j'allais quand même le chercher à midi et je le ramenais pour manger à l'hôtel. Là nous mangions tous ensemble.

J'ai agi comme ça dès le premier jour. Je suis allée le chercher à la sortie de l'école. Nous avons déjeuné, et puis je lui ai parlé : je l'ai un peu disputé pour le mot qu'il avait dit et je lui ai expliqué. Je crois qu'il a vaguement compris.

Ce qui est merveilleux, entre mon fils et moi, c'est que je ne lui ai jamais rien caché et de ce fait nous avons toujours eu des rapports très clairs.

Ce jour-là, je lui ai expliqué qu'il fallait que je le mette à l'école, que c'était obligatoire, que tous les petits enfants passaient par là pour devenir grands et intelligents... Qu'il était nécessaire qu'il apprenne à lire, à écrire... Que moi, je devais travailler pour gagner notre vie à tous les deux, que je n'avais pas d'argent... Ce n'est jamais simple la vie, n'est-ce pas?

Je me souviens que nous avons parlé longuement... Ça

l'a un peu rassuré. Mais je ne l'ai pas mis à la cantine pour autant par la suite. Il préférait nettement venir manger avec nous à l'hôtel.

Un peu plus tard, il venait aussi prendre le petit déjeuner avec nous, le matin. Il n'a pas tardé à s'habiller tout seul, et, comme il était très débrouillard, vers cinq ans et demi, il descendait et me rejoignait à l'hôtel où il prenait ses croissants avant d'aller à l'école.

C'est à ce moment-là que j'ai commencé à mettre un peu d'argent de côté. Alors, je me suis dit que je pouvais me permettre un petit loyer et j'ai cherché un appartement.

Dans le même temps j'ai voulu changer d'emploi parce que j'avais envie de travailler dans un hôtel plus raffiné qu'un deux étoiles. Je voulais tenter ma chance dans un trois étoiles. Je pensais que je gagnerais un peu plus et je me suis renseignée dans ce sens. Je voulais savoir, avant de quitter ma place, quel était le salaire d'une femme de chambre dans un hôtel un peu plus important.

J'ai finalement trouvé un petit appartement de deux pièces à Clichy, au 17 rue Guesnouin. J'ai encore eu de la chance : l'école de Jeannot n'était pas très loin.

Lorsque j'ai déménagé, j'ai aussi trouvé du travail au Grand Hôtel, rue Scribe. Je faisais des extras. C'était pendant la période des vacances et on gagnait plus qu'en saison normale. Parce qu'à ce moment-là le personnel s'absentait et on avait besoin d'autres femmes de chambre en remplacement. Mais c'était seulement pour un ou deux mois, bien sûr.

LES PUCES

C'est à cette période-là qu'on m'a parlé pour la première fois des Puces. A Clichy, il y avait, dans mon immeuble, un monsieur qui habitait au rez-de-chaussée. Il avait un chat et je crois qu'il travaillait comme chauffeur à l'ambassade américaine.

C'est lui qui m'a dit ce qu'étaient les Puces et qui m'y a entraînée pour la première fois. Il était seul à Paris, moi aussi, nous étions voisins, nous sommes devenus de bons amis. Nous parlions beaucoup ensemble. J'ai donc été avec lui un samedi aux Puces de Clignancourt et l'ambiance m'a tout de suite saisie : il y avait de toutes les nationalités, tout le monde parlait fort, il y avait des gitans, des diseuses de bonne aventure.

A ce propos, il me revient une anecdote. J'avais une importante séance de photo, dans un studio du quartier de l'Etoile. J'avais aussi une chanson à revoir d'urgence, je voulais en discuter certains détails avec Pierre Grosz. Il avait bien voulu me rejoindre, et nous sommes allés nous installer dans un bar pour en discuter devant un café et une tarte aux pommes.

Nous étions installés dans un coin tranquille, lorsqu'une superbe gitane en robe longue, parée de bijoux de pacotille, et la cigarette au coin des lèvres, s'est approchée de notre table. Au grand étonnement de mon auteur, elle m'a parlé familièrement et très amicalement, et je l'ai reconnue alors : c'était une bohémienne des Puces de St Ouen qui m'avait prédit les choses qui étaient en train de m'arriver! Quel raccourci de la vie : la revoir dans ce quartier chic!

Et puis la personne qui m'a fait découvrir les Puces m'a amenée aussi dans ce bistrot que je ne connaissais pas : « Chez Louisette ». J'ai entendu des guitares, j'ai demandé au patron si je pouvais chanter. C'était la première fois que je chantais en public, mais j'en avais très envie parce que, dans ce bistrot, tout le monde chantait. Il y avait une fille qui imitait Piaf. Pas mal d'ailleurs. Elle se faisait appeler Edith Moineau.

Il y avait un garçon aussi... Lui, il imitait Tino Rossi. On l'avait rebaptisé Tino Martini, à cause de son goût prononcé pour les apéritifs italiens!

En les écoutant faire leur tour de chant, je m'étais dit : « Et pourquoi pas moi? » J'avais demandé au patron : « Est-ce que je peux m'y mettre moi aussi? ». Il avait dû penser : une de plus, une de moins... Et il m'avait laissée y aller à mon tour.

Il y avait une ambiance formidable aux Puces. Tout le monde gueulait, on entendait : « Une saucisse-frites! Un pot au feu! » Et lorsqu'une cliente râlait, lorsque quelqu'un ouvrait la bouche, Nino – le garçon – hurlait : « Hé toi! Qu'est-ce que tu as? Ferme-là! On arrive, on arrive! » C'était ça, les Puces. Une ambiance marrante, un peu vulgaire, c'est vrai – mais on s'y sentait bien, comme en famille. Ça faisait chaud au cœur.

Encore qu'au début, lorsque j'entendais dire ça, lorsque je voyais Nino maltraiter ses clients, je me faisais toute petite pour qu'il n'ait pas à s'adresser à moi. Il me terrifiait. Alors qu'il plaisantait... Il n'était pas du tout agressif. Mais je n'avais pas l'habitude de ce genre d'attitude.

Je suis donc allée chanter une chanson, puis deux, puis trois... Et le public en a redemandé.

Bientôt les trois frères de « Chez Louisette » ont commencé à s'intéresser à moi, Linda. On m'appelait « Linda » depuis que j'étais femme de chambre. « Téolinda », c'était trop long. Linda ça me rendait très fière : cela veut dire « belle ». Et moi, j'ai toujours voulu être belle. J'avais tellement de complexes vis-à-vis de mes sœurs! Alors être appelée « Linda », quelle joie!

« " Chez Louisette ", très vite, tout le monde a été autour de moi. Et parmi ceux-ci les trois patrons du restaurant. En fait, deux des frères travaillaient réellement au restaurant et le troisième dans la confection. Mais il venait le samedi et le dimanche, pour donner un coup de main, et il était payé au pourcentage, car il servait à table.

Ce frère-là était célibataire et il avait beaucoup de charme. Il me plaisait bien, mais il avait vingt ans de plus que moi... Je l'ai remarqué tout de suite dès que le patron m'a permis de chanter ma première chanson! Et c'est lui qui m'a demandé de chanter tous les samedis, dimanches et lundis. Évidemment, il ne s'est rien passé entre nous ce premier samedi!

Le samedi d'après, je suis revenue. Je me suis arrangée avec l'hôtel – j'étais, à ce moment-là, au Cercle Militaire, où je finissais ma saison. J'ai organisé mes heures de travail et je suis allée aux Puces.

Il a continué à me faire du charme et pour la première fois de ma vie, alors que je n'avais jamais eu envie de vivre avec un homme jusque-là, j'ai décidé de vivre avec lui comme il me le demandait. Nous sommes restés quatre ans tous les deux.

Autant dire qu'il a été assez important dans ma vie. Mais je peux avouer aujourd'hui que j'étais coupée en deux par des sentiments opposés : je le trouvais très gentil et en même temps il m'ennuyait.

J'avais envie de me laisser porter par quelqu'un – enfin,

ça ne m'était jamais arrivé jusqu'ici – mais j'étouffais. Je sentais qu'il m'aimait bien, beaucoup même, mais moi...

Il avait bien accepté mon fils et nous avions déménagé chez lui, dans le 10ᵉ arrondissement. L'appartement était à son père. C'était une famille d'origine juive pied-noir, très pratiquante, et je les aimais beaucoup. Le père était un rabbin renommé, et il aurait bien voulu me convertir au judaïsme. J'étais très passionnée par leur religion. Cela m'a toujours intéressée. Je respecte les idées de chacun et, avec eux, j'ai appris beaucoup de choses. J'ai précisé mes croyances. Grâce à ces Juifs, j'ai pu corriger la foi naïve qui était en moi depuis mon enfance. On ne m'avait rien appris quand j'étais petite... Je croyais à la Sainte Vierge et à tous les saints, c'est tout.

Chez eux, c'était toujours la fête. Tout était motif à faire la fête. C'était une famille formidable, des gens très très bien, vraiment.

Mais je suis tombée sur le plus défavorisé d'entre eux. Tout le monde avait des biens, ils avaient tout ce qu'ils pouvaient désirer... excepté lui. Il travaillait chez un autre de ses frères qui avait une entreprise de confection et il ne pouvait disposer que de son salaire mensuel pour vivre.

Et moi, je vivais de ce que je gagnais au Marché aux Puces et à l'hôtel, où je travaillais. Je ne pouvais aller aux Puces, que lorsque mon travail d'hôtel me le permettait. Ou alors le dimanche, quand c'était mon jour de repos. Je m'arrangeais en général avec mes collègues pour y aller au moins une fois par semaine.

Je voudrais dire quelques mots de plus sur les autres chanteurs qui passaient « Chez Louisette ». Edith Moineau, d'abord : elle m'impressionnait par le fait qu'elle s'était identifiée totalement à Piaf. En l'écoutant, à part certains petits détails, on s'y croyait vraiment.

Tino Martini, lui, c'était un marrant. Il lavait les verres mais il jouait les stars, parce qu'il avait été invité – une seule fois – à participer à une émission de télévision. Je crois que c'était une émission de Philippe Bouvard. C'était très important pour lui. Bouvard l'avait invité parce qu'il le faisait rire...

Je lui en veux un peu à Tino Martini! Il m'avait juré : « Je ferai de toi une vedette... Je vais parler de toi. » Évidemment, ce salaud-là n'a pas dit un mot sur moi à Philippe Bouvard. Il avait peut-être peur que je prenne sa place « chez Louisette ». Parce que la star, là-bas, c'était lui. Dans le Marché aux Puces, il fallait le supplier : « Allez, chante-nous quelque chose Tino! Tu es le meilleur... Attention Tino va chanter!... »

Bref, il n'a pas tenu ses promesses. Mais si un jour j'ai l'occasion de l'aider, je le ferai tout de même volontiers... Il fait partie de ce passé que j'aime et que je veux entretenir dans ma mémoire.

Aux Puces, j'étais payée au pourcentage. J'avais deux guitaristes qui m'accompagnaient et je faisais la manche. En même temps, je servais à table. J'allais chercher les boissons au bar et je m'arrangeais pour que les gens, assis à table, me donnent un franc de plus, pour le service. Mais, aux Puces, les gens n'hésitent pas à donner beaucoup.

Je chantais toutes les chansons que je connaissais d'Amalia Rodriguez. C'était mon idole. Je vais vous raconter un détail que je trouve – avec le recul – plutôt touchant. On me disait très souvent que je ressemblais à Amalia lorsque je me mettais à chanter. Et moi, flattée, je répondais que j'étais sa fille! Fallait-il que je sois naïve pour imaginer un seul instant que les gens allaient me croire... Comme si la fille de la grande Amalia Rodriguez allait chanter « chez Louisette » aux Puces! C'était un mensonge bien innocent et risible.

Comme il y avait pas mal d'Espagnols aussi, je chantais pour eux, comme je pouvais. J'inventais une nouvelle langue espagnole et le plus drôle c'est qu'ils s'en accommodaient fort bien!

Lorsqu'on me demandait une chanson, on me donnait jusqu'à cent francs. Au début je n'y croyais pas. Je pensais qu'ils s'étaient trompés et j'allais faire de la monnaie. Alors ils me disaient « Non, non, c'est pour vous! » vous vous rendez compte? Je chantais une petite chanson, un fado de mon pays, et ils me donnaient cent francs! C'était formidable pour moi.

Petit à petit le bruit s'est répandu dans tout le Marché aux Puces : « Chez Louisette, il y a une chanteuse... » Alors le patron s'est vu obligé de me prêter aux autres bistrots du coin. Quand c'était plein chez lui, les autres venaient voir le patron et lui disaient : « Laisses-nous Linda, pour qu'elle chante un peu chez nous... »

Je me produisais donc aussi au « Soleil ». Je remplissais mes salles partout où j'allais. Quand je commençais à chanter, les gens rentraient et, dès que c'était plein, je changeais de lieu.

Je vivais donc avec toujours avec le même homme dont je vous ai déjà parlé. A nous deux, nous y arrivions très bien puisque nous n'avions pas de loyer à payer.

Je chantais aussi, de temps à autres, pour les mariages. Grâce à ses relations de famille, j'étais engagée aussi pour chanter dans les réceptions, des fêtes. Parce qu'ils avaient un neveu qui, tout en étant commissaire de police, avait un orchestre et faisait des galas le week-end, pour les fêtes et les mariages. J'allais souvent chanter avec eux. Mais je ne gagnais pas grand-chose parce qu'ils me disaient : « Ça va te faire connaître ». Et puis, j'étais de la famille... Eux, pendant ce temps, se faisaient payer.

Donc, je chantais de plus en plus, à chaque fois que l'occasion s'en présentait. C'est ainsi que j'ai rencontré André Pascal. Au Marché aux Puces quelqu'un m'a dit un jour qu'il allait me présenter « un garçon qui travaillait dans le show-business », phrase magique!

André Pascal est venu me voir, il m'a écouté chanter et il m'a dit : « Vous avez une très belle voix. »

J'ai su plus tard qu'il allait de maison de disques en maison de disques, en essayant de me vendre. « J'ai une

Portugaise, une fille formidable qui chante très bien... Mais je ne vous la présenterai que lorsque j'aurai un bureau et six mille francs par mois. »

Il ne manquait pas de culot pour faire cela derrière mon dos! Mais je trouve ça rigolo. Je n'attendais rien de lui, je ne lui en veux donc pas du tout.

Au fil de temps, je fréquentais de plus en plus de gens du « show-business ». J'avais rencontré Faubourg Saint-Martin un groupe de chanteurs « Les Cinq Saisons », ils passaient à la Belle Époque. C'est un cabaret, l'un des derniers vrais cabarets de Paris. Dans ce groupe, il y avait deux filles et trois garçons qui tous chantaient. L'un d'entre eux – Gérard – avait un peu la voix de Serge Lama.

J'avais aussi fait la connaissance d'un autre chanteur qu'on appelait « la vieille » : Jean-Claude Forestier. Il était un peu connu : il avait fait l'Olympia, en première partie d'un artiste dont j'ai oublié le nom, quelques années auparavant. Il m'avait montré des photos de cette époque.

Je me sentais drôlement bien en compagnie des gens de show-business. Les « Cinq Saisons » me parlaient de leurs aventures : « Hier soir, on a fait un tabac... » Ils aimaient me les raconter. Ils sentaient que j'étais éblouie, que je trouvais cela formidable. Moi, je leur contais les Puces : « Aujourd'hui c'était très bien... »

C'était notre show-business à nous. En parallèle.

J'avais cessé de travailler à l'hôtel. Mon ami gagnait sa vie et moi, les week-ends me réussissaient assez bien. On avait assez d'argent pour vivre. Le petit allait à l'école rue des Récollets, on était bien.

Quand j'avais un peu de temps, j'allais au café en bas et je faisais un petit flipper. J'ai toujours adoré ce jeu. Dans ce café tout le monde se retrouvait. On était tous des amis : le pâtissier – M. Tholoniat – et d'autres... M. Tholoniat est un grand pâtissier : des jeunes du monde entier – jusqu'à des Japonais – viennent suivre ses leçons! Il m'amenait souvent dans son atelier pour me montrer comment il travaillait. Il faisait des choses magnifiques, vraiment très belles... Il était – et il est toujours – 47, rue du Château d'Eau, et chaque fois que possible, je retourne le voir.

Un jour, Jean-Claude Forestier, qui est un personnage qui adore rire, m'a entraînée dans une drôle d'aventure. Il m'a proposé de faire du cinéma. Ça m'a semblé génial. Faire du cinéma, quel bonheur!

Nous sommes donc allés nous présenter à l'adresse où l'on demandait des figurants. Nous nous sommes inscrits : il fallait donner cent francs. On a beaucoup parlé de cette histoire-là, après. On convoquait des gens qui étaient censés tourner dans un film, ils payaient cent francs... et il n'y avait jamais de film. On devait, paraît-il, nous donner une réponse sous huit jours.

Au bout de huit jours, évidemment, nous n'avons eu aucune nouvelle. Mais je n'ai pas accepté comme ça qu'on se moque de moi. Je tenais à mes cent francs. Ils représentaient quelque chose pour moi! Cent francs, c'était encore une somme... J'ai dit : « Je veux mon argent! ». Et, croyez-moi, ils me l'ont rendu! J'ai tellement crié dans leur bureau qu'ils ont eu peur et qu'ils ont préféré me les rendre afin que je parte.

J'ai un caractère un peu italien. Portugais, Italiens, Français, nous sommes tous des latins, des forts en gueule, des explosifs. Je les ai tellement insultés qu'ils m'ont rendu mes sous.

Mais Jean-Claude Forestier, lui, a fini par trouver un petit rôle. Il allait carrément sur les lieux de tournage des films et, il n'y a pas très longtemps, il s'est même fait raser la tête pour ressembler à Yul Brynner.

L'un des garçons des « Cinq Saisons » est, lui aussi, arrivé un jour avec un contrat pour un film. « Je vais jouer un garçon de café dans un téléfilm... Le film s'appelle « Albert » et Albert, c'est moi! »

Nous vivions de rêves et c'était très sympathique comme ça. Je suis sûre que cela m'a servi... En tout cas, j'ai, encore aujourd'hui, grand plaisir à me souvenir de cette période de ma vie. Il y avait une infinie tendresse entre nous.

Le flipper tenait une grande place dans notre existence. Nous faisions des matchs et j'étais – comme d'habitude – acharnée à gagner.

Il y avait un couple un peu curieux qui fréquentait également ce café. La dame buvait beaucoup de bière et son mari aussi. Il avait un certain âge déjà. Elle, elle en était à son deuxième mari âgé. L'autre était décédé et elle touchait sa retraite. Elle disait attendre que celui-là meure aussi... Pour avoir sa retraite! Moi, je trouvais ça plutôt marrant, cette forme de sincérité qu'elle affichait. Je ne crois pas qu'elle ait été aussi cynique en réalité. Dans ce café, tout le monde jouait à être quelque chose...

Encore aujourd'hui, lorsqu'ils parlent de « leur amie Linda », ils s'amusent beaucoup en se remémorant tout ce que nous pouvions inventer pour rire. « Tu te rappelles ce qu'on racontait, ce qu'on faisait croire aux gens? » Oh oui! Je me rappelle bien. Je n'oublierai jamais.

Les patrons du tabac s'appelaient M. et Mme Willy. Ils étaient très gentils avec moi et ils aimaient beaucoup mon fils, aussi. Il était tout le temps avec moi, lorsqu'il n'avait pas école.

Ils avaient de l'affection pour nous et, pourtant, je ne buvais jamais rien, ou alors un verre d'eau du robinet. M. Willy savait parfaitement que je ne venais pas pour les boissons mais pour rencontrer mes amis. Mon ami, par contre, buvait pour moi. C'était l'un des meilleurs clients du bistrot! Mais attention, lorsqu'il arrivait, on le recevait comme un grand monsieur, et on le respectait comme tel. Il buvait de l'anisette et nous riions bien dans ces moments-là.

Il travaillait, mais souvent il revenait pour déjeuner parce son job, c'était de préparer le travail des ouvrières. Une fois que c'était fait, il avait pas mal de liberté. Il gagnait bien sa vie, mais il dépensait beaucoup aussi. En tout cas, nous n'étions pas dans le besoin.

Et mon fils l'aimait bien. Quand Jeannot sortait de l'école, il faisait toujours un flipper avec lui. C'est ce qui a fait que Jeannot a tout de suite été en relation avec des adultes. Il faisait complètement partie de notre vie. Nous ne cherchions pas à le maintenir loin de nous, sous prétexte qu'il était encore petit. Et nous nous amusions bien, tous ensemble.

Un jour, Jeannot est rentré de l'école et il a demandé : « M. Willy, je voudrais un Vittel s'il vous plaît. » Alors M. Willy lui a dit : « Un Vittel comment? nature? » Jeannot est devenu tout rouge et il a répondu : « Oh non! Non! Sans rien! »

Il y avait aussi Pierrot, le garçon de café. A force de nous côtoyer, nous avons établi une sorte de connivence entre nous. Quand il restait des croissants du matin – M. Willy disait : « Je sais qu'ils ne seront pas perdus, ils feront le bonheur de Jeannot à quatre heures. »

Quand Jeannot arrivait de l'école, il mangeait tous les croissants qui restaient. Il savait qu'ils étaient pour lui.

Dans le café, je ne faisais que jouer au flipper. Je ne chantais jamais. Mais nous avions créé notre ambiance bien à nous. Nous étions une sorte d'équipe. D'autres gens se joignaient à nous, des Yougoslaves, le couple qui buvait de la bière...

Il m'arrivait de ne pas voir le temps passer vers le soir. Après, je rentrais pour préparer le dîner et nous regardions la télévision.

Mais bientôt les gens du quartier ont su que je chantais aux Puces, et ils m'ont demandé de venir au Bal des Pompiers du Xe arrondissement. J'ai donc fait ce bal, accompagnée par leur orchestre.

Nous nous étions vus – mais très peu » dans l'après-midi, pour mettre les choses au point. Ils étaient très tranquilles : « Tu chanteras ça et ne t'inquiète pas, nous te suivrons. »

C'est effectivement ce qui qui s'est passé. Ils se sont adaptés à ma tonalité et nous avons eu beaucoup de succès. Il y avait un monde fou. Oh! Pas pour moi! Les gens viennent de toute façon au Bal des Pompiers. Ils ont envie de danser, alors ils y vont.

Mais après, les gens du quartier m'ont dit : « Ah, qu'est ce que vous chantez bien! » J'étais ravie de leurs compliments.

Et puis, il y a eu le capitaine des pompiers celui qui venait pour faire l'inspection de la caserne... Il était peut-être colonel? Bref, ce monsieur très important est venu me féliciter lui aussi.

Après le Bal des Pompiers, j'ai fait la connaissance d'une autre dame qui, elle, buvait du vin rouge. Elle était pianiste et elle nous racontait beaucoup d'histoires sur le show-business. Elle avait rejoint notre petite équipe et, avec elle, nous avions un peu l'impression de visiter un autre monde. Qu'il nous semblait étrange et fascinant le monde des artistes tel qu'elle nous le décrivait!

Nous ne nous quittions presque jamais : Guy Perrot (des « Cinq Saisons »), Jean-Claude Forestier, Linda de Suza (chanteuse aux Puces!), et Jeanine Rameniar qui avait été la pianiste de « la grande Suzy Solidor ». Il n'y avait que des stars dans ce café! C'était le bistrot des artistes. A un point tel que le patron a envisagé de changer le nom de son café en « Bistrot des artistes ».

LA SALLE WAGRAM

Et puis, un jour, quelqu'un est venu aux Puces et m'a demandé de faire un gala, salle Wagram. Vous savez, les bruits courent vite... C'est M. Lacroix, le directeur de la salle Wagram, qui avait entendu parler de moi. On lui avait dit que je chantais bien et, dans sa salle, il y avait toujours beaucoup de Portugais, d'Espagnols...

J'avais l'impression de rêver lorsqu'il m'a proposé cela. C'était le 8 septembre. On a fait des affiches pour annoncer la venue salle Wagram de « Linda de Suza, la grande vedette de la radio et de la télévision portugaise ». Moi qui n'avais jamais vu une caméra de ma vie! Le métro était tapissé d'affiches de moi. Je le prenais exprès, pour voir mon nom sur les murs. La première fois, ça fait un sacré choc.

J'emmenais mon fils et je lui disais : « Tu vois, c'est maman. » Il n'était pas peu fier, et moi non plus. C'était une sensation merveilleuse, vraiment.

Incroyable cet affichage! Salle Wagram c'est ainsi qu'ils pratiquent : ils recouvrent Paris pour annoncer le gala. J'étais folle de joie. Je me sentais très importante tout à coup.

Et me voilà à ce gala! Il me fallait des musiciens, bien

sûr. Aux puces j'avais deux guitaristes pour m'accompagner. Mais là, il me fallait un vrai orchestre. Je n'étais plus entre les tables de chez Louisette, mais sur une vraie scène. J'ai donc pensé à demander à Jeanine de m'accompagner... puisqu'elle l'avait déjà fait pour « la grande chanteuse Suzy Solidor » (que je ne connaissais absolument pas, ... alors qu'en son temps elle a été une star connue dans le monde entier). C'était peut-être une grande vedette, mais nous, faubourg Saint-Martin, nous ne savions pas qui elle était, ni ce qu'elle chantait.

Jeanine a accepté d'être ma pianiste, et nous avons préparé mon tour de chant. Nous avons répété chez elle. Elle habitait dans la même rue que nous et elle avait, elle, un piano dans son appartement, ce qui était un gros avantage sur moi. Elle donnait des leçons de piano pour vivre et elle faisait travailler la voix de ceux qui souhaitaient chanter. Je ne pouvais pas dire à ce moment-là si c'était bien de travailler sa voix, je ne l'avais jamais fait. Je ne savais pas ce que cela pouvait apporter. Or, je le sais maintenant, c'est extrêmement important de bien respirer, de poser sa voix...

Nous avons travaillé jusqu'au jour du gala. J'étais superbe : j'avais été chez le coiffeur dans l'après-midi, il avait relevé mes cheveux, je me sentais en forme, bien dans ma peau... tout allait pour le mieux. Je ne me trouvais pas ridicule du tout, parce que je m'étais offert une belle coiffure et une robe longue mauve que j'avais payée 300 francs. J'ai encore les photos de moi ce soir-là... La robe avait des manches plissées... elle brillait, elle accrochait la lumière. C'était une très jolie robe, mais si je devais l'acheter aujourd'hui, je ne la prendrais pas. A l'époque, elle me semblait digne de Dalida! Ma première robe longue, ma première robe de scène!

Je n'avais aucun bijou à mettre autour de mon cou. Ça me rappelle une histoire assez amusante. J'avais – à ce moment-là – un peu de mal à différencier les « U » des « OU ». Chez le coiffeur, j'avais essayé ma robe pour qu'il me fasse la coiffure qui allait le mieux avec elle. C'était vraiment important pour moi ce gala!

Et, tout à coup, j'ai dit : « Mais je ne peux pas chanter le cul nu! » J'avais – évidemment – voulu dire le « cou nu », mais c'était sorti différemment. Tout le monde a compris et le salon entier a ri de ma bévue.

Mais, pour moi, c'était une catastrophe. Il fallait absolument que je trouve quelque chose. Et, au dernier moment, j'ai pensé à mettre un petit ruban de velours noir, comme j'avais vu Romy Schneider en porter.

J'avais un trac fou. Je tremblais de tous mes membres. J'étais terrorisée. Encore aujourd'hui, je suis quelqu'un de terriblement traqueur, que je fasse une télévision en direct ou que je monte sur une scène. C'est un aiguillon, le trac, et j'ai lu quelque part que Jacques Brel avait une telle peur, avant d'entrer en scène, qu'il vomissait à chaque gala. Sans aller jusque-là j'ai, moi, les mains moites et l'impression terrible que je serai incapable de sortir une note ou de me souvenir de mes paroles!

Salle Wagram, j'avais en première partie : les Mariachi. Moi, « la grande vedette portugaise », je passais après eux! M. Lacroix avait pensé à mettre des artistes mexicains au début pour faire un peu d'animation avant mon arrivée.

Je me suis donc mise en route pour la salle Wagram avec ma pianiste. Elle était arrivée en retard à notre rendez-vous et j'étais furieuse. D'autant plus en colère que j'ai vite réalisé qu'elle était complètement saoule. Bourrée, mais bourrée! J'étais certaine qu'elle allait me faire rater mon gala.

Il a fallu l'installer sur scène, devant son piano, car elle était absolument incapable d'y arriver toute seule. A partir de la elle a fait ce qu'elle a pu.

Heureusement qu'il y avait l'orchestre! C'est là que j'ai compris qu'il existe des musiciens qui, vraiment, aiment leur métier. Même s'ils ne le pratiquent qu'au cours de petits galas. Si cet orchestre n'avait pas été là, je me demande ce qu'il serait advenu de moi. Les musiciens ont vu dans quel état était Jeanine et ils m'ont accompagnée au pied levé.

Dieu merci, j'avais des partitions, ce qui les a aidé un

peu. Ils on été merveilleux : prêts, à la minute même ou j'ai ouvert la bouche!

Nous avons été obligés aussi de la sortir de scène parce qu'elle allait se casser la figure. Deux pompiers sont montés et l'ont enlevée.

Mais moi, il a bien fallu que je fasse quelque chose! Que je dise un mot au public. J'ai expliqué que Jeanine avait eu un malaise et qu'on allait terminer le spectacle avec l'orchestre. J'ai été très applaudie. Les gens ont dû se dire : « Qu'est-ce qu'elle a comme métier celle-là, pour s'en sortir comme ça, en improvisant... »

Après M. Lacroix est venu me féliciter, et il m'a prédit que bientôt, je serai une grande vedette. J'espère qu'aujourd'hui, il est fier de moi.

Ce soir-là, en tous cas, j'avais fait de mon mieux parce qu'il me donnait 1 200 francs et que c'était une somme considérable pour moi. Il fallait que je chante bien pour ce prix-là! Si je n'avais pas pu chanter à cause de Jeanine, je pense qu'il ne m'aurait pas donné un sou...

Je n'avais rien à perdre mais tout à gagner en faisant ce gala. Je suis très instinctive et je ne voulais pas non plus décevoir les musiciens qui m'accompagnaient. Je ne connaissais rien à ce métier, et les affiches dans le métro allaient disparaître aussi vite qu'elles étaient apparues, mais je voulais qu'on parle de ce gala en bien. Alors je me suis encouragée moi-même : « Allez chante! » et je me suis lancée.

A la sortie, les fans étaient là. C'est drôle ces gens-là. Ils prétendaient m'avoir déjà entendue au Portugal, alors que je n'y avais jamais chanté... M'avoir vue dans tel petit patelin où je faisais un gala...

Ces mensonges m'ont amusée mais, en même temps, je me suis dit que, peut-être, ces gens-là croyaient vraiment m'avoir vue. J'ai donc décidé de garder ce nom de « Linda de Suza » comme nom d'artiste, parce qu'il éveillait chez les gens, une impression de déjà entendu, de déjà connu.

Je n'ai pas choisi ce nom de « Linda de Suza » par hasard.

« De Sousa » est le nom de jeune fille de ma mère. Mon père, lui, s'appelait Lança. Mais j'ai eu peur qu'on fasse des jeux de mots avec « de Sousa » et j'ai un peu transformé le nom maternel en « de Suza ». Ce qui n'a pas empêché d'ailleurs – allez savoir pourquoi – qu'une fois sur deux on écrive mon nom de travers dans les journaux : « de Souza ».

M. Lacroix avait joué ma carte alors que j'étais totalement inconnue parce qu'il trouvait que je chantais bien. Mais s'il m'a payé 1 200 francs – ce qui est beaucoup pour quelqu'un que personne ne connait – s'il a investi autant pour moi en affichage, c'est qu'il savait qu'une chanteuse portugaise allait attirer du monde Salle Wagram. Les Portugais et les Espagnols ont fait de cet endroit leur lieu de rencontre préféré. Le samedi et le dimanche c'est leur bal. Dans la semaine, il y a des matchs de boxe...

Je n'oublierai jamais cet endroit : c'est là que, pour la première fois, je me suis trouvée en face de gens qui croyaient me connaître. C'est là que le nom de « Linda de Suza » est devenu magique.

C'est là aussi, que j'ai distribué mes premiers autographes. Comme je suis une petite femme très organisée, j'avais avant été aux Puces faire des photos et je les distribuais aux gens qui me les demandaient. J'étais mon propre manager... Je faisais tout.

Par la suite, on m'a demandé pour des galas par l'intermédiaire du neveu de mon ami. Je faisais les mariages, les communions juives...

Après un vrai gala, que j'ai fait je ne sais plus où, je me suis dit qu'il fallait absolument que j'aie des musiciens qui m'accompagnent en permanence. Je les ai trouvés, par hasard, ou presque. L'un connaissait un guitariste portugais, le second en connaissait un autre... C'est ainsi qu'on a commencé à répéter, dans un gymnase du 10e arrondissement. J'avais demandé à la mairie de me prêter un local. J'y avais été au culot, simplement parce que le maire du 10e – M. Marcus – était venu me féliciter après un gala pour les pompiers! En fait, j'avais chanté dans deux galas au bénéfice des pompiers le même soir : l'un rue du Château-d'Eau et l'autre un peu plus loin, dans une autre caserne. C'est là, que M. Marcus était venu m'inviter à un méchoui qu'il donnait après.

Bien sûr, je n'étais pas encore connue mais il y avait incontestablement une attirance des gens. Les choses commençaient à se préciser. Pas seulement dans ma tête.

J'étais ravie. Dans mes rêves les plus fous, je crois que je n'aurais jamais imaginé une pareille chose. Mais, en même temps, je recevais ces premiers succès avec une totale naïveté : je ne me rendais pas complètement compte de ce qui m'arrivait.

Comme si les choses étaient aussi simples que ça : on a envie de chanter, on chante; on prend des musiciens et hop, ça marche! Moi, tout ce que je voulais, c'était que le public m'aime. Qu'il dise « Cette fille-là, qu'est-ce qu'elle chante bien! » Je voulais qu'on m'apprécie. Vous savez pourquoi.

Les gens avaient l'air d'estimer ce que je leur chantais et moi, j'étais contente. Cela suffisait à mon bonheur. J'étais heureuse en toute sincérité. J'étais très fière aussi.

A la suite de cela les galas se sont poursuivis. Avec tous les avatars que cela suppose et que tous les chanteurs peuvent raconter. Tout le monde est passé, au début d'une carrière, par ces salles faites pour tout sauf pour la chanson et par ces organisateurs qui n'ont d'organisé que le nom.

Ainsi il m'est arrivé de chanter dans une salle pas sonorisée du tout. J'arrivais après une première partie qui, elle, avait sa sono (curieusement je n'ai jamais chanté en première partie). Je suis donc entrée dans cette salle avec mes deux guitaristes portugais. Lors de la répétition, nous avions travaillé avec la sono des autres. Mais lorsque nous sommes revenus, pour le spectacle, ils n'étaient plus d'accord pour la partager avec nous. Ils devaient craindre que nous ayons plus de succès qu'eux... Il faut dire qu'à ce moment-là, ils étaient – eux – plus célèbres que moi.

Lorsque je suis montée sur la scène, j'ai fait ma première chanson avec le micro, comme prévu. Mais aussitôt après, plus rien. Ils m'avaient coupé le son. J'ai compris immédiatement ce qui se passait. J'ai jeté un œil du côté du technicien et je l'ai vu qui s'en allait. Je n'avais pas besoin qu'on me fasse un dessin.

Alors, j'ai posé mon micro, et j'ai dit au public ce qui se passait. J'ai ajouté : « Tant pis, on continue! ». Et j'ai chanté sans micro, soutenue par mes deux guitaristes. Vous savez ce qui s'est passé? Les gens m'accompagnaient! Ils chantaient avec moi, tapaient dans leurs mains. Bien sûr, c'était surtout comme ça lorsque je chantais des chansons qu'ils connaissaient. C'était une fête juive pieds-noirs et je leur chantais aussi des chansons en hébreu que j'avais apprises pour eux. Alors ils m'offraient une fête formidable et c'était merveilleux. Il y avait une sacrée ambiance!

Bref, j'ai fini mon tour de chant sans micro et j'ai fait un malheur, comme on dit. Je n'avais pas un si grand mérite : on chante le fado sans micro, c'est la façon normale de le faire, et avant moi et en remontant jusqu'aux origines, dans toutes les maisons de fado, on l'a toujours chanté au naturel, comme ça et voilà...

LE PORTUGAIS

Et puis, un jour, André Pascal est venu me rejoindre Faubourg Saint-Martin, dans mon petit bistrot de prédilection. Il prétendait connaître un monsieur qui écrivait de jolies mélodies et voulait m'en proposer.

« Il s'appelle Alex Alstone, j'ai écouté ses chansons, et j'ai déjà une idée de paroles qu'on pourrait mettre sur ses musiques. J'aimerais te le présenter, il veut faire ta connaissance. »

Nous avons pris rendez-vous et je suis allée chez ce monsieur.

Alex Alstone avait 78 ans. Il était très élégant, c'était un beau vieux monsieur... Il s'est assis à son piano et il a commencé : « La la la la la... »

J'ai écouté la mélodie jusqu'au bout et je l'ai trouvée superbe. Voyant que cela me plaisait bien, André Pascal m'a proposé son texte. Cela disait : « Dans la valise, en souvenir qu'on a gardé, il y a toujours un peu de terre où l'on est né, un bateau blanc au bout du quai des au revoir...... » Quelque chose comme ça...

L'idée, c'était d'écrire une histoire sur les Portugais

émigrés, sur tous ceux qui ont été malheureux comme moi... J'ai adoré cette idée. Pourquoi ne l'aurais-je pas utilisée, moi qui suis portugaise et qui ai vécu ça?

André Pascal m'a raccompagnée et nous avons décidé d'en reparler bientôt. Le lendemain Alex Alstone m'a téléphoné.

« Écoutez, Linda, j'ai vu que vous étiez une fille intelligente et je veux vous aider, mais si vous voulez venir demain chez moi, je vous présenterai une des plus célèbres parolières du métier. »

J'ai passé ma journée à me demander comment j'allais m'habiller pour cette rencontre capitale. Il me semblait très important de paraître à mon avantage et, tout à coup, j'avais l'impression de ne plus savoir comment m'habiller. Jusqu'alors, j'avais toujours trouvé le moyen de présenter bien en face des gens, même si nos moyens ne me permettaient pas de faire des folies. Mon ami gagnait sa vie, on mangeait tous les jours, on jouait au flipper, il buvait des anisettes, mais nous ne pouvions pas aller au-delà de ce train-train.

Je me suis rendue à mon rendez-vous et j'ai vu arriver une dame : Vline Buggy.

Elle a écouté la mélodie avec moi, mais dès qu'Alex Alstone a terminé de jouer, j'ai tenu à lui expliquer l'idée que j'avaie eue dans la nuit, que j'avais écrite en portugais. Je me suis mise à leur traduire mon texte. Il ne manquait que le dernier refrain.

Alex Alstone était fasciné. Mon texte c'était : « deux valises en carton sur la terre de France... » Bien sûr, les rimes n'y étaient pas, mais je tenais au texte que je venais de développer grossièrement.

C'est Vline Buggy qui a réagi la première. Elle a trouvé qu'il fallait poursuivre dans ce sens. Puis, nous nous sommes séparés. Mais, le soir même, elle a téléphoné à Claude Carrère en lui disant qu'elle venait de découvrir une fille formidable et qu'il devait absolument me signer un contrat.

Je m'aperçois que j'ai oublié de dire que j'étais allée me présenter quelque temps auparavant chez Barclay et que ça n'avait pas marché. Mon accent leur semblait un obstacle insurmontable pour le public français...

Quant au public portugais, ils n'imaginaient même pas qu'il puisse exister.

Bien sûr, dès que je suis rentrée chez moi, ravie, j'ai raconté tout ce qui m'arrivait à Guy Perrot, mon copain des « Cinq Saisons ». J'en rajoutais : « Tu te rends compte? Je viens de rencontrer un grand compositeur américain! » En fait, je croyais en rajouter car, effectivement, Alex Alstone est le monsieur qui a composé « Symphonie d'amour »... Vingt-deux millions de disques vendus de ce seul titre! Ce n'est pas rien!

Nous sommes restés là, à bavarder pendant des heures. Guy Perrot essayait de calmer un peu mon enthousiasme, de me rendre plus raisonnable...

« Fais attention Linda, me disait-il. Si tu dois enregistrer un disque, il ne faut jamais que ce soit toi qui le payes... »

Il me donnait des conseils parce qu'il croyait tout connaître de ce métier. Et moi, je l'écoutais, je me disais que si Guy pensait ainsi, c'est parce qu'il était un artiste, un chanteur de cabaret et qu'il connaissait bien les problèmes.

Puis je suis rentrée chez moi. Nous avons dîné tous les trois avec mon fils et je me suis couchée. Là, j'ai fait un rêve que je n'oublierai sans doute jamais. J'ai rêvé que mon père était chez moi, dans ma cuisine. Il était sur une chaise et – allez savoir pourquoi – il avait un séchoir sur la tête! Il était assis, et moi je suis entrée dans la cuisine. Inutile de vous dire que j'ai eu sacrément peur en le voyant ainsi. Mais il m'a dit : « Ne crains rien, je suis venu pour te chercher. »

Dans mon rêve, il m'a prise par le bras et il s'est envolé avec moi.

Ce rêve m'a beaucoup intriguée. Je me suis demandée longtemps ce qu'il voulait dire. Je n'ai jamais trouvé la clé de ce songe.

Ce que je sais, c'est que mon père me manque beaucoup. J'aurais aimé qu'il puisse être là aujourd'hui, pour voir tout ce qui m'arrive, et lui montrer que, contrairement à ce qu'il a pu me dire parfois dans ses colères, il pourrait être fier de sa fille.

Mais revenons à la première rencontre avec Claude Carrère que Vline Buggy avait organisée. Il avait à l'époque des bureaux rue Jean Goujon. Je suis entrée dans son bureau, il m'a regardée de la tête aux pieds et il a dit : « O.K., la fille me plaît. » C'est tout. Je suis rentrée chez moi aussitôt après.

Ça n'avait pas duré dix minutes. Il n'a rien écouté, ni une cassette, ni ma voix, rien. Il a dit « d'accord on va enregistrer un disque... » Je n'ai eu que le temps de lui expliquer : « Il y a un million deux cent mille Portugais en France. » Ça a fait « tilt » dans sa tête : il a tout de suite vu le marché qui s'ouvrait devant lui! Et c'est normal.

Il ne m'a pas donné de nouvelles pendant quelques mois... Et je m'inquiétais de l'avenir parce que mon ami venait à manquer de travail. C'était la morte saison dans la confection et comme – bien entendu – il vivait au jour le jour, il n'avait pas de quoi voir venir. Il était célibataire, alors... Et puis il savait qu'au pire, il pourrait toujours compter sur les siens.

Du coup, prudente, j'ai pris une nouvelle place de femme de chambre. J'ai été engagée à ce moment-là par l'hôtel Terminus, face à la gare de l'Est. »

Mais, tout de même, la rencontre que j'avais eue avec Claude Carrère me turlupinait. Je me disais que ce ne pouvait pas être une entrevue sans suite... Il ne me semblait pas être ce genre d'homme-là. Pas le style à faire des promesses sans les tenir... Alors j'ai pris mon courage à deux mains et je l'ai appelé. Je lui ai parlé avec la même naïveté pleine d'allant que lorsque je demandais une augmentation à l'usine.

« Écoutez monsieur Claude, je voudrais bien savoir ce que vous avez l'intention de faire avec moi... Est-ce que je vous intéresse ou pas? »

Il a dû être assez suffoqué de m'entendre lui parler ainsi, mais, en tout cas, il m'a répondu comme si je l'avais rencontré la veille.

« Bon, viens demain à midi. Je tiens absolument à te voir. »

Il s'était écoulé près de quatre mois entre nos deux rendez-vous, mais il savait parfaitement qui j'étais. Il n'avait rien oublié.

Le lendemain j'ai manqué mon travail et je suis allée à sa convocation. Je ne lui ai pas vraiment laissé le temps de souffler.

« Alors? Lorsque je vous ai vu, vous avez dit : " O.K. " Vline Buggy veut m'écrire des chansons... Je ne vis pas d'amour et d'eau fraîche, moi! J'ai trouvé une place de femme de chambre et j'ai besoin de connaître votre décision. Je dois savoir ce que je vais faire de ma vie... »

Il a été tellement surpris que je l'agresse comme ça qu'il n'a rien dit pendant quelques secondes puis il a sorti une liasse de billets qu'il a mis le plus gentiment possible dans ma poche. Je ne savais pas quoi dire.

« Je ne suis pas venue ici pour mendier. J'ai toujours gagné l'argent que je méritais... Tout ce que je veux savoir de vous, c'est si vous avez envie de me faire faire un disque! »

A partir de là, tout s'est enclenché. Il m'a demandé de revoir Vline Buggy très vite, et d'enregistrer une maquette. Il a d'ailleurs aussitôt téléphoné à Vline et nous sommes entrées en studio peu après. Avec Alex Alstone, nous avions préparé plusieurs chansons, dont « le Portugais »...

C'est chez Bernard Estardy, dans le petit studio du haut, que nous avons fait cette maquette. Avec seulement Alex Alstone au piano.

J'ai pris ma petite bande sous le bras et je l'ai amenée à Claude Carrère qui, là, a daigné l'écouter. Il a trouvé ça formidable et il a donné son accord pour l'enregistrement définitif.

Je n'ai pas quitté mon emploi pour autant. J'enregistrais et je travaillais en même temps. Je me disais qu'on ne savait pas du tout si cela allait marcher et qu'il ne fallait pas vendre la peau de l'ours avant de l'avoir tué.

Pour la première fois de ma vie j'entrais donc dans un studio d'enregistrement. Au studio 92 à Boulogne. Jean-Claude Petit avait fait les arrangements du « Portugais » et tout se présentait bien.

Nous avions d'abord fait appel à un autre arrangeur, mais ce qu'il m'avait proposé ne me plaisait pas et j'ai refusé de chanter dessus. J'étais encore totalement inconnue, mais j'avais déjà mon caractère, et surtout j'avais l'instinct de ce qui était bon pour moi.

Claude Carrère avait dit à Vline Buggy : « J'aime ces chansons, je vais les donner à X pour les arrangements. »

Vline était parolière à ce moment-là. Elle n'avait jamais produit personne (elle se consacre depuis à Herbert Léonard), elle a été d'accord pour ce choix. Mais, lorsqu'il m'a envoyé les play-backs, j'ai immédiatement senti que ça ne pourrait pas marcher.

Il ne faut pas me demander pourquoi, ni comment je fais les choses. Disons plutôt que je les sens... Je suis Poisson et, nous les Poissons, nous faisons tout sans trop chercher à savoir pourquoi... Nous sentons qu'il faut les faire, voilà. Je suis née le même jour que Chopin, le 22 février... cette date me porte bonheur.

A propos d'horoscope, je sais pourquoi Claude Carrère m'a fait confiance comme ça, presque les yeux fermés. C'est quelqu'un de très superstitieux. J'étais à peine entrée dans son bureau qu'il m'a demandé de quel signe j'étais. Comme je ne connaissais pas mon ascendant, il m'a demandé d'aller faire mon horoscope aux Champs-Élysées sur l'ordinateur. Malheureusement, je ne sais pas mon heure exacte de naissance et mon thème astral était un peu faux. Il y avait des ressemblances par moments, dans ce que disait l'Astroflash, mais, évidemment, cela manquait de précision. Par contre, sur le plan du caractère, c'était très proche de la réalité.

C'est ainsi que Claude Carrère a su qu'il pouvait me suivre sans souci.

J'ai tout de suite eu des relations très faciles avec lui. Je n'étais pas impressionnée du tout par ce que je voyais autour de lui : les secrétaires, etc. A l'hôtel j'étais souvent en rapport avec des gens importants. Je suis quelqu'un qui a toujours su aller vers les gens. Et le fait qu'une personne ait une position plus importante que moi dans la société, ne m'a jamais gênée. Je m'habitue facilement à toutes les situations... Quand il faut être polie avec quelqu'un, je suis très courtoise. Mais quand quelqu'un est mal élevé avec moi, je sais aussi lui répondre.

Je n'ai jamais eu ma langue dans ma poche. Je me rappelle avoir fait une grande scène à Claude Carrère parce qu'il m'avait fait attendre une heure avant de me recevoir. J'ai horreur d'attendre et je suis toujours à l'heure!

Mais revenons à ce premier arrangeur. Il m'a téléphoné un jour chez moi (j'habitais alors près de la gare du Nord – j'avais déménagé rue Démarquay). Il m'annonçait qu'il avait donné les play-backs à Vline. Lorsqu'elle me les a transmis, je les ai écoutés sur un petit magnétophone et j'ai trouvé que cela n'allait pas.

Comme c'était dimanche, j'ai attendu lundi pour appeler Claude Carrère et lui dire qu'en aucun cas je ne chanterais ça. « D'abord il n'y a pas de guitares! Et puis cet arrangement ce n'est pas ce qu'il me faut vraiment pas. »

Il s'est un peu fâché et il a essayé de me convaincre du contraire. Puis il m'a demandé de venir chez Bernard Estardy, pour qu'on fasse l'essai. Là, il n'a pas tardé à comprendre que j'avais raison. Décidément, c'était raté.

Ils étaient tous là à m'écouter bien sagement Claude, Vline, Estardy... Ils étaient conscients que s'ils m'avaient mis le marché en main : « C'est comme ça, ou pas du tout », j'aurais répondu « pas du tout ». Je crois que Claude Carrère a compris tout de suite le genre de caractère que j'ai!

Quelques jours plus tard, Vline Buggy était à une fête chez Michel Sardou et elle a rencontré Roland Hilda (le fils de Bernard Hilda) qui s'était occupé de Marie Laforêt. Elle lui a parlé et elle lui a demandé s'il ne voulait pas travailler avec moi. Il n'a pas dit « oui » tout de suite, mais il n'a pas dit « non », non plus. Il a demandé à me voir, à entendre ce que je faisais.

A cette époque, ni Vline, ni personne n'aurait seulement envisagé de m'amener à ce genre de soirée. Je n'étais encore qu'une petite bonne qui démarrait dans la chanson! Et, d'ailleurs, je n'étais pas prête à rencontrer ces gens-là. Personne ne me connaissait : j'étais un petit poulain caché, inconnu.

Le lendemain, Vline m'a accompagnée chez Roland Hilda. Il a écouté et il a dit tout de suite « Ça m'intéresse. » Et c'est lui qui a demandé à Jean-Claude Petit de faire mes arrangements.

Il allait jouer le rôle de réalisateur à mes côtés. Il a choisi, le studio, il a écouté si c'était bien ou pas, par rapport à la chanson, par rapport à moi...

Lorsque je suis allée au rendez-vous de Jean-Claude Petit, j'avais apporté des disques. Des 33 tours d'Amalia Rodriguez, pour lui donner une notion des guitares que je voulais retrouver sur mon disque. J'avais eu cette idée et je les avais achetés le jour même. Je m'étais dit : « On ne sait jamais... »

« Le Portugais », ce n'était pas du tout le style de chansons que chante Amalia Rodriguez. Ce n'était pas un fado mais une vraie chanson. Cependant il fallait que j'impose le ton qui me plaisait.

Je me rappelle qu'avant d'aller chez Jean-Claude Petit, j'étais chez Roland Hilda et celui-ci a téléphoné à Jean-Claude. « Nous allons venir chez toi, lui a-t-il dit. J'espère que tu vas être de bonne humeur et accepter de nous ouvrir » Roland a toujours été un grand farceur.

J'étais terrorisée. Mon Dieu où est-ce que je m'étais encore fourrée? J'en avais déjà connu un qui réclamait un bureau et 6 000 francs par mois, j'allais vers un autre qui semblait une vraie terreur... J'étais épouvantée. Je me disais que c'était encore une drôle d'histoire...

Alors, quand je suis arrivée chez Jean-Claude Petit, à Suresnes, et que j'ai vu un monsieur souriant, très calme, doté de beaucoup de charme... ouf! J'ai été soulagée. J'ai retrouvé ma confiance.

Nous sommes entrés chez lui et je lui ai fait écouter ma chanson. Elle lui a tout de suite beaucoup plu et il s'est mis à rechercher ma tonalité. J'ai tenu quand même à lui faire écouter les disques que j'avais apportés. Il a immédiatement saisi le genre d'orchestrations que je souhaitais. Il a commencé à les jouer au piano et je suis tombée amoureuse de cette chanson telle qu'elle était en train de prendre forme.

J'avais l'impression que le soleil entrait dans la pièce avec cette musique. C'était exactement ce que je rêvais de chanter un jour!

Jean-Claude Petit est un monsieur. Je veux dire par là que c'est quelqu'un de bien, de très intelligent et qui a des qualités musicales exceptionnelles. Je suis persuadée qu'il pourrait tout faire. Il serait capable d'orchestrer n'importe quelle chanson! En tout cas, nous nous sommes compris immédiatement.

Et me voilà au studio 92 où enregistrent tous les grands de la chanson : Sardou, Hallyday, Sylvie Vartan... J'avoue que j'étais impressionnée quand j'y suis entrée. J'avais le trac. Presque autant que lorsque j'ai fait ce gala, salle Wagram... J'avais les mains moites et la gorge serrée... Mais je n'aurais jamais osé l'avouer : je craignais tellement d'être ridicule au milieu de tous ces professionnels...

Je découvrais pour la première fois le micro, protégé par un petit carré de gaze. Je ne savais pas ce que c'était, ni à quoi ça servait... Ça me faisait penser au médecin, lorsqu'il met son masque pour ne pas attraper les microbes... Je sais maintenant que c'est pour supprimer le souffle que l'on utilise cette protection.

Sur le moment, je n'ai pas osé demander à quoi cela était utile parce que j'avais peur que l'on me prenne pour une idiote. Je me suis tue.

Bien sûr, ce premier enregistrement, j'ai dû le refaire plusieurs fois. Je n'étais pas toujours très en mesure. C'est une chose qui s'apprend...

Heureusement, Roland Hilda est un garçon formidable qui a eu beaucoup de patience avec moi. J'ai eu de la chance de tomber sur quelqu'un d'aussi humain. C'est rare dans ce métier qu'on fasse autant d'efforts vis-à-vis de quelqu'un qui débute. En général, tout le monde s'en moque et on fait un premier disque comme on éplucherait un kilo de pommes de terre.

Là, tout le monde s'est appliqué à me réconforter même le preneur de son de Jean-Claude Charvier. D'autant plus qu'il y avait des mots que je ne comprenais pas. Mais, comme Roland Hilda parlait un peu l'espagnol, il m'expliquait comme il pouvait... Ça m'a rassurée.

Nous avons fait ce jour-là les deux versions : la française et la portugaise. J'étais aux anges. Comblée. Émue. Tellement heureuse!

Nous avons apporté la bande à Claude Carrère et il s'est montré très emballé. J'étais d'autant plus contente que lorsque nous avions travaillé la chanson avec Alex Alstone, il avait lui aussi sa petite idée sur la façon de faire cette chanson, et son idée n'était pas la mienne.

Il voulait rajouter des « la la la » un peu partout. Je n'étais pas d'accord. Je trouvais que cela alourdissait la chanson. J'en avais parlé à Claude Carrère qui m'avait dit de faire comme bon me semblait. Il trouvait, lui aussi, qu'une chanson de six minutes, c'était impossible.

Mais Alex Alstone me répondait qu'il connaissait son métier et qu'il fallait que je lui fasse confiance. Que c'était ça qui ferait vendre. J'avais envie de l'écouter, parce que moi, je n'étais rien, mais je pressentais qu'il n'avait pas raison.

Il est mort maintenant et je garde de lui un souvenir très émouvant. C'était un monsieur tellement merveilleux. Il disait, très sérieux : « Des compositeurs français, il n'y en a pas beaucoup. Moi, je suis le meilleur. » Je trouve formidable qu'on dise ça à 78 ans... Et d'ailleurs il a prouvé que c'était souvent vrai.

Aussitôt après, nous avons fait la photo pour la pochette du disque. Roland Hilda m'avait demandé d'apporter des vêtements différents... J'étais paniquée. Qu'est-ce que je pouvais mettre pour faire une jolie photo qui ne soit pas trop minable? Tout ce que je possédais c'était des jeans, des tee-shirts... des choses simples et pratiques mais qu'il me semblait impossible de porter pour une photo.

C'est finalement la jeune femme qui vivait avec Roland Hilda qui m'a prêté des habits et nous avons fait nos photos avec Rodolphe Haussaire. C'est la même jeune femme qui, pour l'occasion, a joué les maquilleuses et m'a aussi coiffée. Elle m'a mis une rose derrière l'oreille et j'avoue que je trouvais cela ridicule. Mais elle y tenait, Roland également, alors j'ai cédé. Ils ont eu raison d'insister parce que cette photo, avec la rose, c'est celle qui a eu le plus de succès de toutes celles que j'ai pu faire. Elle était un peu naïve mais elle faisait très folklore, très Portugal et le public l'a appréciée. Sur cette photo, j'avais un type très prononcé qui annonçait bien ce qu'était ce disque. Il faut vous dire qu'avant le jour ou je me suis mise à chanter, personne en France ne m'a jamais demandé si j'étais Portugaise. On me prenait pour une Espagnole ou une Italienne, pour une Yougoslave aussi quelquefois, mais pas pour une Portugaise.

Le plus drôle, c'est qu'à partir du moment où j'ai chanté, je n'ai plus rencontré que des gens qui prétendaient que j'étais « typiquement Portugaise ». « Ça se voit tout de suite! » disaient-ils.

LE SUCCÈS

L'association avec Roland Hilda n'a pas dépassé le cap du premier disque. Pourtant celui-ci a tout de suite été un gros succès. Mais Roland avait ses idées à lui, il ne voulait pas en démordre, ce qui a fait peur à Vline Buggy. Elle a craint qu'il lui prenne sa place, que je lui demande de s'occuper entièrement de moi... Alors, nous nous sommes séparés.

Vline a pris la relève et nous nous sommes mises à travailler ensemble sur toutes les chansons. Il nous arrivait de rester toutes les deux jusqu'à quatre heures du matin. Je lui donnais mes idées, elle les mettait en forme... et je la remercie beaucoup de m'avoir appris le métier. Mais sur un plan strictement humain des problèmes ont surgi entre nous et nous avons dû nous séparer.

Je sais tout ce que je lui dois. C'est grâce à elle que j'ai rencontré Claude Carrère, que j'ai pu enregistrer mon premier disque... Je ne veux me souvenir que de tout ce qu'elle a fait pour moi.

Au moment où mon premier disque est sorti, je travaillais encore à l'hôtel. J'étais toujours avec le même homme mais nous avions déménagé parce qu'il avait perdu son père. Il avait fallu partager entre tous les enfants l'appartement dans lequel nous vivions. On l'a donc vendu et ils se sont arrangés entre eux..

A l'hôtel, au début, personne ne savait que j'avais fait un disque. Je n'y tenais d'ailleurs pas. Mais, petit à petit, les copines de l'hôtel ont fini par l'apprendre. Et quand elles m'entendaient sur les ondes, elles se précipitaient pour me le dire. « Vite, vite, Linda! Tu passes encore à la radio! »

Je dois vous avouer que, la première fois que je me suis entendue à la radio, j'ai pleuré. Ça m'a pris à la gorge et de grosses larmes ont coulé sur mes joues.

Mes amies de l'hôtel, celles qui travaillaient avec moi, étaient très gentilles. Je dois dire que partout où je suis passée, je n'ai jamais eu vraiment d'ennemis. Même s'il y avait parfois une petite pointe de jalousie.

A la suite de tout ça, j'ai été obligée de quitter mon travail parce que la chanson me prenait trop de temps. Je commençais à voir arriver les télévisions...

La toute première que j'ai faite parce que les ventes avaient bien démarré c'est celle de Michel Drucker. J'étais une fois de plus paniquée : qu'est-ce que j'allais mettre pour cette télévision? J'ai couru tous les magasins pour me trouver des vêtements. A ce moment-là, je n'avais personne près de moi pour me conseiller. Aujourd'hui, je devais me débrouiller toute seule. Je tenais – je ne sais pas pourquoi – à mettre un pantalon blanc et un chemisier rouge. J'ai finalement trouvé ce fameux pantalon blanc auquel je tenais tant et le chemisier rouge de mes rêves... Quand je veux quelque chose!

Cette première télévision, je m'en souviendrai toujours. C'était « Les Rendez-vous du dimanche ». Je l'ai faite à la place de Claude François qui venait de mourir. L'ambiance sur le plateau n'était pas très gaie parce que Michel Drucker était un ami personnel de Claude François et – en plus – on l'attendait pour répéter lorsqu'on a appris qu'il s'était électrocuté dans sa baignoire. C'était affreux pour tout le monde. Je ne le connaissais pas du tout mais il me semble qu'il représentait tellement la vie!

Je ne sais pas si vous vous souvenez des « Rendez-vous du dimanche » mais il y avait des séquences enregistrées et du direct. Claude François laissant un grand vide dans l'émission, on a enregistré quelques artistes en plus, dont moi.

Ça me fait un peu mal de dire que je dois à ce drame mon premier passage à la télévision, mais il faut bien reconnaître que c'est la plus stricte vérité. Ça a été ma chance de débutante de remplacer cet homme si célèbre, ce grand professionnel qu'était Claude François.

Je ne suis pas arrivée toute seule sur ce plateau, heureusement. Je crois que si cela avait été le cas j'aurais fait demi-tour immédiatement. C'est très effrayant un plateau de télévision lorsqu'on ne connait personne. Tout le monde s'agite dans tous les coins et on a l'impression qu'on gêne en restant là, dans les pattes de ces gens qui ont l'air si occupés!

Généralement, les artistes ne sont jamais seuls lorsqu'ils vont à la télévision. Ils sont accompagnés par leur attaché de presse, de radio ou de télé. Dans le cas de cette première émission, j'avais à mes côtés Annie Markhan qui est responsable de la promotion chez Carrère, Roland Hilda qui travaillait toujours avec moi et Vline Buggy.

J'étais comme une folle, contente, excitée par ce qui m'arrivait là... Vline n'arrêtait pas de me dire « Voyons Linda! Tu sais, pour faire une émission de télévision, il ne faut pas faire la fofolle... » Elle ne savait plus quoi inventer pour que je me calme. Elle ne comprenait pas du tout que je puisse être aussi heureuse de participer aux « Rendez-vous du dimanche ». Moi, je ne pouvais absolument pas me contrôler. J'étais inconsciente à force d'excitation.

Et puis, cet énervement m'aidait à cacher mon trac car, je croyais à ce moment-là, qu'un véritable artiste n'avait jamais le trac. Je pensais qu'un chanteur digne de ce nom était un être sûr de lui, confiant et qui ne se mettait pas à transpirer, simplement parce que son tour allait arriver.

J'ai fait un signe au public dans le studio, on m'a demandé si c'était bien moi « la Portugaise », j'ai dit « oui » et tout s'est passé sans que je me rende très bien compte de ce qui m'arrivait. L'émission terminée, je suis rentrée chez moi.

Le dimanche suivant, j'ai regardé ma télévision. Évidemment, ce jour-là, je ne suis pas allée aux Puces! Toute ma petite famille était devant le petit écran. Et, tout à coup, j'ai vu Linda de Suza, une espèce d'imbécile qui parlait, qui disait des bêtises plus grosses qu'elle... J'étais horrifiée! Ce pantalon blanc, je n'aurais jamais dû le mettre! Vous savez, nous les Portugaises, nous avons des hanches... Enfin, nous avons un physique, une conformation contre laquelle nous ne pouvons rien... Pascal Auriat m'a fait faire des progrès depuis cette époque, mais, à ce moment-là, sans être moche, j'étais plutôt rondouillarde. Alors, le pantalon blanc s'est révélé d'un effet catastrophique! Il me doublait de volume et le chemisier en plus me tassait complètement. Une catastrophe!

Lorsque je me suis vue comme ça, j'ai été persuadée que, jamais, je ne réussirais dans la chanson. Je me trouvais affreuse, vraiment moche. Et, en prime, je ne savais pas du tout bouger. J'avais l'air d'une poupée mécanique, un bras à gauche, l'autre en bas... Pour dire certains mots, je les lançais en l'air... Je ne saurais pas expliquer aujourd'hui pour quelles raisons je faisais ça. En tous cas, mes gestes tombaient toujours au mauvais moment, c'était pitoyable.

J'étais tellement déçue en me voyant ainsi, que j'ai fait une réaction physique : j'ai eu une douleur terrible dans le bras gauche et il est soudain resté paralysé. Je ne pouvais plus le bouger. Tellement j'avais honte de moi!

Je n'avais qu'un espoir : « Pourvu que personne n'ait regardé cette émission! » Mais c'était être d'une naïveté incroyable que d'imaginer cela. Tout le monde regardait « Les Rendez-vous du dimanche » et Michel Drucker!

Et, le lendemain, j'ai reçu des coups de fil de tous ceux

qui me connaissaient. Dans la plupart des cas, on m'a parlé de ce maudit pantalon blanc. « Toi tu étais bien mais il ne faut plus porter ce pantalon, ni bouger comme ça... »

Plus on m'appelait, plus je me disais : « Ça y est, je vais être virée, Claude Carrère ne voudra plus entendre parler de moi. Il a dû détester ce que j'ai fait! »

J'avais tellement l'habitude d'être sous la coupe de mes employeurs que j'étais persuadée qu'il allait me mettre dehors s'il n'avait pas aimé la mauvaise télévision que je venais de faire!

Mais, croyez-le ou non, à la suite de cette prestation désastreuse, mes ventes de disques ont doublé! C'était incroyable et formidable tout à la fois. Et j'ai commencé à recevoir des lettres de mes admirateurs chez Carrère! Je n'étais pas peu fière!

LE DEUXIÈME DISQUE

Devant ce mouvement de foule favorable, on a mis en route le 33 tours. C'est à cette occasion que j'ai fait la connaissance de Pascal Auriat. C'est lui qui a composé « La fille qui pleurait ».

Quand on n'est pas très connue, on fait du porte à porte pour obtenir du matériel qui vous corresponde. Je me suis beaucoup déplacée. J'ai été voir des tas de compositeurs et je suis aussi retournée chez Alex Alstone. Nous avons travaillé ensemble sur d'autres musiques... Je lui ai toujours donné priorité parce que je considère que c'est lui qui m'a vraiment ouvert les portes du show-business... Il a été le premier à croire tellement en moi qu'il s'est impliqué dans mon histoire. Parce que André Pascal, à part demander un bureau et 6 000 francs, il n'a pas fait grand chose!

Les 6 000 francs par mois, finalement c'est moi qui les ai reçus au début de ma carrière. Comme je ne recevais rien encore de la Sacem, Claude Carrère me faisait une avance de 6 000 francs par mois pour que je puisse vivre. Je n'ai jamais touché à cette somme : il me la donne toujours, même maintenant que cela va bien. On ne sait jamais ce qui peut arriver... J'ai trop connu la misère pour ne pas craindre que cela recommence un jour!

Mais, au-delà de ces 6 000 francs, il y avait des choses que j'étais obligée de m'acheter, pour présenter bien par exemple. Alors, Claude Carrère me donnait des avances. Il me disait : « Linda, si tu as un problème, n'hésite jamais à m'en parler... Je peux toujours te donner de l'argent, en attendant tes royalties... »

Sur un plan plus personnel, les choses allaient moins bien. Mon ami commençait à changer et je sentais qu'il valait mieux qu'on se sépare. Lorsque j'ai reçu le relevé de mes six premiers mois, j'ai lu que je devais recevoir 80 000 francs. Il valait mieux que les choses soient claires entre lui et moi. Nous nous sommes quittés.

Avec l'aide de Vline Buggy, j'ai trouvé un appartement, rue Marbeau, et je m'y suis installée avec mon fils.

Je me suis retrouvée dans ce petit appartement, situé au rez-de-chaussée. C'était tout ce que j'avais trouvé. Je payais 2 500 francs par mois et je me demandais comment j'allais faire pour régler cette somme régulièrement tous les mois... Mais Vline Buggy me répétait que, maintenant que je chantais et que ça marchait, il n'y avait pas de raison que cela cesse. « Et puis, si tu as un problème, Claude Carrère est là! » ajoutait-elle. Mais malgré tout, ces 2 500 francs par mois me turlupinaient. Je n'étais pas habituée à jongler avec de telles sommes d'argent.

Avec Vline, j'ai trouvé des lits en rotin – parce que son oncle avait une usine de rotin – et j'ai monté ainsi, ma chambre et celle de mon fils. J'ai aussi acheté un salon et une cuisine. J'étais allée chez Habitat, la peur au ventre à l'idée que j'allais dépenser plus que je ne pouvais me le permettre.

J'avais arrangé ma maison. Je la trouvais très mignonne et je crois qu'elle l'était. J'avais fait poser de la moquette, ce qui pour moi était le comble du luxe... Tout cela m'avait coûté près d'un million et demi d'anciens francs et ça me semblait colossal.

Dans cet appartement, j'étais sans arrêt réveillée par des gens qui sonnaient à la porte pour demander des renseignements car j'étais au rez-de-chaussée!

Mais revenons à ces premiers galas et au deuxième disque qui ont suivi le succès du « Portugais ». Pascal Auriat n'a pas tout de suite remplacé tout le monde. Je l'ai d'abord côtoyé comme compositeur.

Pascal Auriat est arrivé et en même temps que lui – grâce à lui, j'en suis sûre – les choses se sont concrétisées. C'est quelqu'un de très diplomate, de très compréhensif, de très humain et qui en plus a beaucoup de talent. Il a toutes les qualités même s'il lui arrive comme à moi de pousser des « coups de gueule ». C'est lui qui a commencé à m'imposer dans les radios et ailleurs. C'est lui aussi qui m'a amenée vers d'autres chansons d'une qualité supérieure. Dans sa foulée, j'ai rencontré des auteurs comme Pierre Delanoé, Charles Aznavour...

Pierre Delanoé m'a écrit deux chansons qui n'ont pas eu un très grand succès, mais que j'aime énormément. La première c'était : « Dans ma maison ». Elle disait : « Dans ma maison, y'a du soleil, tout le monde entre... » Elle me ressemblait cette chanson. Elle était faite pour moi.

La seconde aurait pu être un grand succès. Elle s'appelait : « Dis-moi je t'aime avec une rose » sur une musique de Cyril Assous. Elle date de 1981. Je n'ai pas besoin de vous en dire davantage, vous avez certainement compris... Bien qu'elle ait été écrite six mois avant l'élection de M. Mitterrand, on l'a prise pour une chanson un peu politisée. Dommage qu'elle n'ait pas connu plus de succès parce qu'elle était très réussie et, le peu que je l'ai chantée sur scène, elle a toujours beaucoup plu au public.

Comme je ne suis pas Française et que la France ne fait que me donner l'hospitalité, je n'ai pas le droit de me mêler de politique. Je n'ai d'ailleurs pas envie de le faire. Si j'étais Française, j'aurais peut-être des opinions, mais je ne suis pas chez moi, alors je ne m'en mêle pas. C'est exactement comme si, invitée chez quelqu'un, je me permettais de le critiquer. Mais, si un jour quelque chose ne va vraiment pas selon mon cœur, alors je reprendrai ma valise et je rentrerai chez moi...

J'ai toujours eu une adoration pour Charles Aznavour. A un point tel, que j'ai rêvé qu'il viendrait un jour à ma première à l'Olympia. Ça ne s'est pas encore fait, mais je suis sûre que cela viendra.

J'en ai parlé avec Michel Jourdan un auteur connu et je lui ai dit à quel point je mourais d'envie de le rencontrer. Il me semblait qu'il avait un style qui me correspondait tout à fait. Des chansons comme « Aïe mourir pour toi » auraient pû être écrites pour moi... Michel Jourdan m'a alors proposé de lui demander des textes de ma part (il avait parfois l'occasion de travailler avec lui).

J'ai attendu avec impatience, jusqu'au jour ou Michel Jourdan m'a dit que Charles Aznavour revenait à Paris pour aller chez le dentiste. Il se trouve que, Charles Aznavour et moi, avons le même dentiste. J'ai pris rendez-vous moi aussi et nous nous sommes rencontrés dans le salon d'attente. Il a été charmant et nous avons beaucoup bavardé tous les deux. Il m'a avoué qu'il était un grand fan d'Amalia Rodriguez, qui depuis toujours est mon idole, bien sûr. Il a trouvé aussi que j'avais beaucoup de chance d'avoir un peu son style. Inutile de vous dire que j'étais très heureuse d'entendre cela. Surtout de la part de cet homme qui a tant de talent!

Et puis, il a ajouté, qu'à la suite de la demande de Michel Jourdan, il m'avait écrit une chanson : « Vous avez tout changé ». Comme ça! Chez le dentiste!

Cette chanson-là aussi était écrite sur mesure pour moi. C'était une chanson de scène merveilleuse. Elle s'adressait au public : « Vous avez tout changé... » C'est tellement vrai. Ma vie n'a plus rien à voir avec ce qu'elle était, maintenant que j'ai rencontré le cœur du public.

Cette chanson a très très bien marché sur scène. C'était formidable. Je crois que je la chantais avec une sorte de rage dans l'âme. Je la chante encore de temps en temps.

J'ai eu un autre merveilleux parolier : Pierre Grosz. C'est un monsieur qui ne s'affiche pas parce qu'il veut, par-dessus tout, rester dans le calme. Il n'a rien à faire de la célébrité et il vit tranquille. Avec lui, j'ai fait « Toi, mon amour caché », « Si tu existes encore » et « Comme vous »...

Et puis, il y a Didier Barbelivien. Pour moi, il a écrit « L'Étrangère » qui est une chanson que j'adore.

Didier a beaucoup de talent et une immense facilité, une grande aptitude à se glisser dans la peau de ceux pour qui il travaille.

J'ai eû beaucoup d'autres paroliers et j'ai peur d'en oublier. J'ai pris tant de plaisir à les interpréter que je ne voudrais pas qu'ils croient que je les considère moins que les autres. Parmi ceux-ci, il y a Louis Amade (qui a si souvent fait de belles chansons avec Gilbert Bécaud) qui m'a donné une chanson qui me tient particulièrement à cœur – et pour cause –. Elle s'appelle : « Jeannot ».

Cette chanson est née d'une musique que m'avait proposé Cyril Assous un des plus grands mélodistes français. C'est lui qui a eû l'idée de la donner à Louis Amade et j'ai immédiatement accepté, en pensant à Bécaud que j'admire depuis longtemps. Quelques temps après, il m'a rappelée et il m'a annoncé que Louis Amade était d'accord. Il m'avait fait la surprise de l'intituler « Jeannot ». Le plus drôle, c'est qu'il ne savait pas que c'était là le prénom de mon fils!

L'OLYMPIA

Voilà. La suite vous la connaissez... L'affection du public m'a amenée à l'Olympia en Janvier 83. C'est au public que je dois tout. Et tant pis s'il y a encore des gens pour me traiter « d'idole des bonnes ». Je n'ai pas honte de ces fans-là. Ce sont les bonnes qui m'ont permis de vivre quand personne d'autre ne voulait entendre parler de moi. J'ai longtemps gagné mon argent comme elles le font, et je n'oublie pas ce que j'ai été. Je n'ai pas changé simplement parce qu'aujourd'hui je gagne ma vie différemment.

Je crois cependant que mon public s'est considérablement élargi et que ce ne sont plus seulement les femmes de ménage portugaises qui achètent mes disques et viennent me voir lorsque je chante quelque part. C'est d'ailleurs cela que je trouve formidable dans ce qui m'arrive.

L'Olympia de 83 (le premier que j'aie jamais fait puisque je ne suis jamais passée en première partie de qui que ce soit – ce qui est très rare, je crois –) m'est arrivé comme une sorte de rêve.

Il y a eu, d'abord, la venue de Jean-Michel Boris en province. Pascal Auriat avait réussi à entraîner cet homme dont le rôle est d'établir les programmes de l'Olympia, jusqu'à un gala que je donnais hors de Paris. Jean-Michel Boris est un homme charmant et c'est un grand découvreur de talents. Il va partout où il se passe quelque chose, afin de ne pas rater un artiste qui est en passe de devenir important. Mais, en général, il lui offre alors un passage en première partie, c'est-à-dire entre trois et sept chansons, afin de voir comment le public réagit.

Je crois que Jean-Michel Boris – comme Pascal Auriat quelque temps auparavant – a été surpris de voir le monde que je déplaçais. Et, c'est vrai, j'ai toujours eu cette chance extraordinaire de chanter devant des salles pleines.

Depuis que Pascal Auriat s'occupait de moi, j'avais appris beaucoup de choses. Je savais instinctivement me déplacer sur une scène, mais c'était loin d'être parfait pour autant. Aujourd'hui encore, Pascal corrige chacune de mes erreurs... Il y aura toujours des corrections à apporter, c'est une évidence à admettre. Personne n'est parfait en naissant.

Quand Jean-Michel Boris a vu que je faisais le plein partout où j'allais – ce sont des choses qui se savent très vite car les organisateurs de galas se chargent de répandre le bruit d'un artiste qui ne marche pas bien et les laisse déficitaires! – il a été très emballé. C'est que je ne chantais pas devant 200 ou 500 personnes, mais devant des salles de 1 500 à 5 000 personnes. Il m'est même arrivé d'avoir 15 000 personnes devant moi!

Il s'était laissé entraîner par Pascal Auriat qui lui avait fait comprendre que la petite Portugaise risquait de l'étonner. Quand Pascal lui a téléphoné pour lui parler de moi, tout de suite il a dit « oui ». Il savait qui j'étais, il m'avait déjà entendu chanter. « Je l'aime bien. Et je suis sûr qu'il y a un public pour elle. »

C'est ainsi qu'il est venu. Inutile de vous dire que, de le savoir là, j'avais un trac décuplé. J'ai attendu la fin du gala avec une angoisse terrible qui me nouait le ventre. Je me demandais ce qu'il pouvait penser de moi et j'attendais son verdict comme un couperet. Et s'il avait jugé que je n'avais pas assez de talent pour mériter de passer à l'Olympia? Il aurait pu...

Mais il est entré et il m'a dit « C'est formidable! ». J'ai parlé avec lui tout en ayant l'impression que la terre s'ouvrait sous mes pas et m'engloutissait. J'étais tellement heureuse! L'Olympia, c'est la consécration dans une carrière et il paraissait dire qu'il n'était pas impossible que j'y chante un jour prochain.

Il a d'abord été question du mois de mai, mais ça n'a pas marché. J'étais à nouveau au trente-sixième dessous, et pour vous montrer mes angoisses je me persuadais que si Jean-Michel Boris changeait ses dates c'est, qu'en réalité, il voulait faire traîner les choses et finalement tout annuler!

Heureusement, il n'en a rien été. Nous avons signé pour une semaine en Janvier 83 et j'ai été encore plus paniquée. Maintenant que tout était sûr, il s'agissait de ne pas rater mon coup et de laisser un bon souvenir.

Chanter à Paris, dans cette salle illustre, me terrorisait. C'est que l'Olympia n'est pas une salle comme les autres. Elle a une âme. Elle est habitée par tous les grands noms qui s'y sont succédés.

Ma peur n'a fait que croître et multiplier lorsque Pascal Auriat a reçu un coup de fil de Jean-Michel Boris lui demandant s'il était possible d'ajouter une semaine et donc de faire quinze jours. Il avait ouvert la location et cela marchait tellement bien qu'il était sûr que nous pouvions tenter le coup.

Bien sûr, j'étais ravie, mais d'autres idées me trottaient dans la tête. Je demandais sans cesse à Pascal Auriat : « Est-ce que j'aurai la même loge que Dalida? » J'avais été applaudir Dalida, Nana Mouskouri, Serge Lama, Patrick Sébastien... et ça me tracassait. Est-ce qu'on me ferait l'honneur de me donner la même loge qu'eux? Ils me semblaient être de si grandes vedettes par rapport à moi! Je voulais absolument savoir ça!

Le jour de la première répétition dans les lieux, je suis arrivée très tôt à l'Olympia pour voir enfin ce qui allait être « ma » loge pendant quinze jours. J'y étais vers quatre heures de l'après-midi. Je m'y suis installée, j'ai humé l'air qu'on y respire – comme si mes prédécesseurs y avaient laissé un message de sympathie pour moi – j'ai regardé partout... J'avais un de ces tracs!

Nous avons commencé à répéter. Heureusement Maritie Carpentier était là pour me diriger sur cette immense scène. J'avais très peur parce que nous avions en réalité peu de temps pour répéter. Je peux bien l'avouer aujourd'hui. Les gens ont cru que j'avais travaillé au moins deux mois avant cet Olympia, mais je dois à la vérité de dire que je n'avais fait que prendre des cours de danse (deux fois par semaine pendant un mois) pour m'assouplir, et répéter pendant sept jours! Mon emploi du temps d'avant l'Olympia comportait trop de galas à faire en province pour que je puisse consacrer plus d'instants à mes répétitions...

Ce qui me donnait encore plus de motifs d'avoir peur.

Le premier soir, lorsque je me suis installée dans ma loge, j'avais l'impression que mon père était à mes côtés. Il était partout. Dès que je me déplaçais, je sentais sa présence. Je tremblais, j'étais tellement impressionnée de le savoir là.

Quand j'ai entendu la sonnette qui annonce qu'on va bientôt entrer en scène, l'habilleuse est venue pour m'aider à mettre ma robe. C'est Michel Fresnay qui avait dessiné pour moi une robe noire avec un grand châle et une robe blanche pour la deuxième partie. Des robes très structurées et sobres... vraiment très belles.

Cette sonnette me vrillait le crâne. Elle résonnait dans ma tête à me rendre folle. C'est sans doute un effet provoqué par le trac, ça aussi!

Dès que j'ai été habillée, je suis montée sur scène car la mise en scène de Maritie Carpentier prévoyait que je sois déjà en place, au milieu de mes musiciens et de mes choristes, lorsque le rideau s'ouvrait.

De là où j'étais, je voyais une espèce de point dans un coin du rideau. Ça faisait comme un trou noir et tout à coup j'ai cru voir le visage de mon père. C'est cette apparition qui m'a donné du courage, de la force. On aurait dit que ce n'était pas moi qui me trouvais là sur cette scène à laquelle j'avais tant rêvé. Pas moi qui chantais face à tous ces gens qui m'applaudissaient. C'était comme si quelqu'un était venu me dire : « Tu vaincras! »

Mais, je le jure, j'ai vu la tête de mon père et son sourire!

Mon Dieu! Ce premier soir! Le rideau s'est ouvert devant un trou béant, que je sentais plein de monde, mais que je ne voyais pas à cause des projecteurs. Je me suis mise à chanter en tremblant comme une feuille. Je ne pouvais pas m'arrêter de trembler, c'était plus fort que moi. Rien ne raisonnait ma peur.

Ma deuxième chanson, c'était « l'Etrangère ». J'avais du mal à avancer. Mes jambes flageolaient... Finalement tout s'est bien passé en première partie. Pas de problème.

Par contre, je mourais de peur à l'idée d'une certaine chanson que je devais chanter en deuxième partie : « Toi, mon amour caché ». Je pressentais que j'allais avoir des difficultés à pousser mes notes aigues. J'étais sûre que je n'y arriverais jamais.

C'est alors que, sur scène, l'espace d'une seconde, j'ai aperçu mon père, le regard fixé sur moi. C'est allé très vite mais j'ai lancé mes notes sans aucune hésitation. Il m'a aidée. Et je dois vous dire qu'il m'aide souvent dans mon métier. Il est très important pour moi.

Dès qu'il n'est pas là, toutes les catastrophes me tombent dessus. Mais, heureusement, le plus souvent, il me rassure par sa « présence ». Je ne sais pas s'il a eu des remords en arrivant là-haut, en songeant à ce que j'ai vécu étant plus jeune, et s'il a compris, mais entre nous le contact est établi et je suis sûre que de là où il est, il me protège. Il a compris ma rage de vaincre et tout ce que j'ai pu faire pendant des années pour essayer de lui plaire. Ça, j'en suis persuadée.

C'est drôle, tout de même : depuis que mon père est mort, nos rapports sont permanents et tendres, alors que, de son vivant, nous ne nous connaissions presque pas... Je rêve souvent à lui et quand j'ai un gros problème, lorsque j'ai peur de quelque chose, lorsque je suis angoissée, je le retrouve dans mes rêves. Le lendemain, quand je me réveille, je trouve la clé de mes soucis. Je vous assure que c'est vrai.

Et pourquoi croyez-vous que j'ai écrit des chansons, que j'ai composé des musiques, moi, qui ne connaissais pas une note? Du jour au lendemain, sans l'avoir jamais fait auparavant, je me suis mise à traduire « Le Portugais ». Puis « La fille qui pleurait »... Pour la première chanson je pourrais croire à un hasard. Et puis elle me tenait tellement à cœur qu'il m'était facile de trouver les mots. Mais l'autre...

Je me rappelle que je me suis couchée en me demandant comment j'allais traduire « La fille qui pleurait » (Claude Carrère tenait à ce que je l'enregistre en portugais). Je commençais à mieux connaître la langue française, mais, tout de même, j'avais du mal à transcrire certaines choses. Parce qu'en parlant on prend de mauvaises habitudes de langage qu'on ne peut pas mettre dans une chanson.

A trois heures du matin, tout à coup, j'ai ressenti un besoin irrépressible de me lever. J'ai pris un carnet, un stylo et j'ai écrit la chanson. D'un trait. On aurait dit que quelqu'un me tenait la main et me faisait écrire.

Je suis sûre que c'est lui qui m'a aidée. Mais pourquoi a-t-il décidé de m'aider moi, et pas mes sœurs. J'ai une de mes sœurs qui chante très bien – mais il ne lui est rien arrivé de semblable. Mon autre sœur, – celle qui est en France – elle aussi aurait pu réussir dans la chanson. Parce que mon père chantait bien, ma mère aussi... Presque toute la famille. Mais non... Il a accompagné ma carrière et n'a aidé personne d'autre.

On me dit que, pour réussir, il ne faut pas seulement bien chanter mais aussi avoir la volonté d'arriver. C'est possible. C'est même sûrement vrai. Mais moi je crois beaucoup en ce visage qui m'apparaît. J'ai déjà raconté ce rêve qui me poursuit : mon père entre chez moi, il me prend par le bras et il s'envole avec moi...

J'ai demandé la signification de ce rêve. J'ai d'abord posé la question à une copine noire, femme de chambre, qui croyait, elle aussi, beaucoup aux rêves. Pour elle, cela signifiait qu'il voulait m'emmener avec lui... Elle m'a fait peur. Je me disais : « Ce n'est pas possible. Mon père ne peut pas vouloir me séparer de mon fils... Il ne ferait jamais ça! »

Une autre personne, à qui j'ai posé la question, m'a expliqué que mon père voulait m'aider et que bientôt « j'allais m'envoler ».

En fait, je ne sais toujours pas ce que veut dire mon rêve. Pas de façon précise en tout cas. Oui, sans doute il a voulu m'aider à « m'envoler » professionnellement...

Mais un jour j'ai fait la connaissance d'une dame qui s'appelle Mimi et qui m'a prédit beaucoup de choses. Entre autres, l'Olympia que j'ai fait... Quand je rêve et que je veux savoir ce que mon rêve signifie, je l'appelle chez elle et elle tente de me l'expliquer. Je crois très fort en tout ce qu'elle me dit.

Ainsi, il n'y a pas très longtemps de cela, j'ai rêvé à du feu. Je voyais une vaste plaine, des maisons et tout autour plein de petits sapins. C'est là que le feu a pris. Il avançait partout à une vitesse folle. Et je me suis vue prenant mon fils dans mes bras et passant dans les flammes. De l'autre côté du brasier, j'ai eu l'impression d'arriver au ciel, comme sur un petit nuage blanc qui m'aurait attendu. C'était magnifique.

J'ai toujours aimé rêver. Certains jours, lorsque j'étais triste, solitaire, dépaysée... je me couchais et je m'évadais par le rêve.

Souvent il m'arrive – encore maintenant – de me coucher tôt en me disant que je vais rêver. C'est mon meilleur délassement. Dans ces cas-là, je décroche le téléphone, pour qu'on ne me réveille pas, pour qu'on ne brise pas mon rêve.

Je rêve toujours beaucoup, encore maintenant. Et chaque fois que je rêve c'est de mon père en bonne santé, souriant... Et le plus souvent, je me vois accrochée à lui...

Pourquoi est-ce que je pense tant à lui? Mes sœurs n'en parlent pas. Est-ce que ça leur arrive autant qu'à moi? Je n'en suis pas sûre. L'autre jour, j'étais au Portugal et j'en ai parlé à ma mère. Je vis tellement à travers mon père qu'il fallait que je le lui dise. Elle n'a pas répondu. Elle pense peut-être qu'il a eu des remords vis-à-vis de moi. Il a pu être dur avec moi, lever la main sur moi, je ne lui en voulais pas alors.

Il est arrivé que, lorsqu'il s'en prenait un peu trop violemment à ma mère, lorsqu'il se mettait à la battre, j'ai pris la défense de celle-ci. Mais, après, j'ai compris pourquoi il était ainsi. Parce qu'elle passait son temps à crier après nous, à être sans arrêt après nous... N'importe qui aurait fait la même chose que mon père pour avoir un peu de paix. Vous êtes capable d'entendre quelqu'un crier pendant dix minutes sans broncher, mais arrive toujours un moment où vous ne pouvez plus en supporter davantage.

A priori, mon père était un calme, mais il en a trop subi et c'est ce qui l'a rendu violent.Il n'avait pas eu d'enfance, il s'était marié très jeune, il avait eu huit enfants très vite...

Tout de même, mon premier Olympia ne me laisse pas que le souvenir de l'apparition de mon père. J'ai eu une Première formidable. Beaucoup de gens du métier s'étaient dérangés pour me voir. C'était le 20 Janvier. Michel Drucker et Dany Saval étaient dans la salle, Roger Kreicher (le directeur des variétés de RTL), Hervé Vilard... pas mal d'artistes... J'étais très émue de les savoir tous là.

Heureusement que Jean-Michel Boris était derrière le rideau à la fin du spectacle, parce que moi, je ne tenais plus sur mes jambes. J'ai éclaté en sanglots dans ses bras. Les gens dans la salle étaient debout et m'acclamaient. Ils ne voulaient plus partir... J'avais l'impression de vivre un rêve toute éveillée. Jean-Michel m'a rattrapée : j'allais tomber par terre. Je ne pouvais pas faire face à l'émotion immense qui s'était emparée de moi. Je pleurais, je pleurais... Jean-Michel m'a poussée sur la scène pour que je revienne saluer. J'ai vu toute cette salle debout, j'ai reçu ces acclamations en plein cœur... C'était merveilleux et terrible, tout à la fois.

Mais, au milieu de cette foule qui m'applaudissait, je ne voyais qu'une seule personne, qu'un seul visage : celui de mon fils qui était assis au premier rang. Nous nous sommes tendus les bras et, sans que nous nous rendions vraiment compte de ce que nous faisions, il est monté sur scène. Il s'est accroché à moi et nous avons sangloté dans les bras l'un de l'autre...

Je ne l'ai pas vu mais on me l'a dit, en nous regardant ainsi, une bonne partie de la salle avait la gorge serrée et des larmes dans les yeux. C'était un moment d'émotion très intense.

Et puis ma mère était là. Je l'avais faite venir du Portugal. Je tenais à ce qu'enfin elle m'entende chanter... Je voulais qu'elle soit là pour ma Première... Sa froideur, je veux croire qu'elle lui vient de la dureté de sa vie, ou de son incapacité à exprimer ses sentiments profonds. A la fin du spectable, elle n'a pas dit un mot. Ni « C'est bien », ni « C'est mal ». Rien. Seulement une phrase : « J'ai chanté avec toi une chanson »... C'est tout. C'était comme si elle ne réalisait pas ce qui venait de se passer sous ses yeux.

Heureusement que mon fils était là! Dans la loge, il m'a dit : « Tu as gagné! ». J'ai lu dans ses yeux tout l'amour du monde. Je crois qu'il est très fier de sa mère, mais pas seulement parce que je suis célèbre aujourd'hui. Il a plutôt du respect pour tout ce que nous avons passé et parce que je nous ai sortis de cette vie qui s'annonçait si difficile...

Je lui ai répondu que maintenant c'était à son tour de gagner. Nous faisons ce genre de petites compétitions entre nous : j'avance dans mon métier et il gagne des points dans ses études. Cette espèce de concours nous amuse et nous sert d'aiguillon, en même temps.

Mais, pour Jeannot, je ne suis pas « Linda de Suza-la chanteuse » mais « maman ». J'ai découvert ainsi qu'il ne s'était pas vanté auprès de ses copains de classes d'être le fils de Linda de Suza. Ce n'est que lorsque je suis allée le chercher, un jour, qu'ils ont fait le rapprochement.

Je suis comblée par le fils que j'ai. Auprès de lui, j'oublie tout le reste de ma famille. Il n'y en a pas un pour rattraper l'autre... Le soir de ma première, si ma mère a chanté et applaudi sans pour autant me faire de compliments, ma sœur et mon beau-frère n'ont eu d'autres souci que d'être placés au premier rang. Et quand ils sont venus en coulisses, à la fin du spectacle, ma sœur m'a seulement fait remarquer qu'elle était assise en arrière et que son mari avait failli s'en aller, tant il était en colère contre moi! Elle ne m'a parlé de rien d'autre!

Les compliments des gens de métier m'ont mis beaucoup de baume au cœur. Quand des gens comme Henri Chapier vous serrent dans leurs bras avec des larmes au bord des yeux, ou quand quelqu'un comme Roger Kreicher – qui pourtant en a vu d'autres – vous dit « Linda, tu nous as fait marcher. Tu nous as eus! »... on est récompensée pour tous les autres malheurs...

J'entends encore ma sœur – celle qui se trouvait mal placée – se jeter sur Danièle Gilbert et lui dire : « Il faut que vous reveniez à la télévision! » A moi, elle n'avait parlé ni de mes robes, ni de ma voix, ni du spectacle... (il y a des choses que l'on aimerait entendre de la bouche de sa sœur ou de sa mère...), les attentions et les compliments – mérités d'ailleurs – étaient pour d'autres... C'est bête de ma part d'être aussi sensible à des détails, mais puisque j'ai décidé de tout dire dans ce livre, pourquoi ne pas parler de ça aussi...

J'ai un si grand besoin d'être aimée des miens, et si souvent de petites déceptions m'ont assombri le cœur, que je devrais me faire une raison. Mais je n'y arrive pas toujours.

LA NOUVELLE VIE

Ma vie n'a pas vraiment changé avec le succès. Dès que j'ai eu un peu d'argent, j'ai déménagé. Je ne sais plus combien de fois j'ai changé d'adresse depuis que je suis en France! J'ai déjà dit que j'avais une chienne malinoise. Il fallait la sortir plusieurs fois par jour et c'était une corvée. Mon fils me disait souvent qu'il rêvait d'une maison avec un jardin et je lui avais promis que dès que je le pourrais, je réaliserais son rêve.

J'avais vendu pas mal de disques, tout allait bien, je me suis lancée. J'ai trouvé un petit pavillon dans la banlieue ouest de Paris, quelque chose de très simple mais agréable, et je l'ai loué. J'ai un petit jardin et maintenant j'ai deux chiens qui y vivent heureux.

Quand j'ai visité cette maison avec Jeannot, il en est immédiatement tombé amoureux. « Oh, maman, prends-la, prends-la! ». On me demandait 4 500 francs par mois mais je commençais à avoir plus d'assurance. J'avais mis un peu d'argent de côté en vue de ce déménagement. J'ai dit « oui » parce que le bonheur de mon fils faisait plaisir à voir. Et parce que, en plus, il y a une école à 80 mètres. De ce côté-là, j'ai toujours eu de la chance.

Quelque temps après, j'ai acheté cette maison, parce que la propriétaire est morte et les enfants ont voulu la vendre, pour se partager l'argent de la vente.

Je l'ai achetée parce que je n'avais pas vraiment le temps de chercher autre chose et de déménager à nouveau. Mais je ne le regrette pas. J'aime cette maison simple et, petit à petit, j'y fais des travaux qui la rendent plus confortable, plus belle. Je garde de mes origines un sens de la raison qui m'empêchera toujours – je pense – de vivre au-dessus de mes possibilités. J'ai toujours fait des économies en pensant à mes vieux jours, à mon fils, à tout ce qui peut arriver – on ne sait jamais – et je continue d'en faire.

Je n'ai jamais eu vraiment beaucoup de chance avec les hommes. Je ne sais pas pourquoi. Ou plutôt si. J'ai besoin de vivre avec un homme qui m'en impose, avec quelqu'un de plus intelligent que moi... Sans cela, il arrive toujours un moment ou je me mets à dominer l'autre et ça casse. Ça a souvent été ainsi. Parce que j'évolue et les gens autour de moi ne me suivent pas forcément dans ma course.

Aussi suis-je souvent seule et, à ce moment-là, j'ai tendance à faire payer aux autres ce que j'ai souffert. J'aurai peut-être un jour la chance de trouver un homme courageux qui me supportera. Je suis aussi très autoritaire, je le sais. Cela vient de mon enfance. Ça m'a laissé un traumatime certain. Alors j'ai peur et je veux dominer à tous prix.

Ce sont d'autres cassures dans ma vie, mais je ne les ai jamais regrettées. Je crois que c'est un des aspects positifs de mon caractère : j'aime et lorsque c'est fini, c'est vraiment fini : je n'y pense plus.

Ce n'est certes pas gentil pour les autres, mais qu'y faire? « Je suis comme je suis... » dit Prévert. Je veux bien en faire ma devise.

Ce n'est pas parce qu'aujourd'hui Jeannot et moi vivons dans une maison confortable, que nous oublions tout ce qui s'est passé dans nos vies auparavant. Jeannot m'en parle souvent. Il me dit que nous avons de la chance d'être où nous sommes, d'être ce que nous sommes... Il est très conscient de ce qu'a été notre chemin, notre passé.

Mais il faut voir les choses comme elles sont : malgré une enfance douloureuse et une adolescence troublée je suis une femme heureuse. J'ai réussi, en dépit de tous les obstacles qui s'élevaient devant moi. Je n'avais pas un sou, je ne parlais pas un mot de français... tout me prédisposait à rester une gentille petite femme de chambre, élevant tant bien que mal son fils sans père.

Au lieu de ça, j'ai un métier qui fait rêver la terre entière et l'amour du public panse mes blessures. Depuis que j'ai rencontré Pascal Auriat, j'ai pris un virage important. Avant lui, j'étais « la petite bonne chantante », « l'idole des bonnes ». J'ai déjà dit que je prenais ça pour un compliment plutôt que pour une expression méprisante... Ce sont les bonnes qui ont besoin qu'on leur apporte une part de rêve... Elles travaillent toute leur vie et vivent avec leurs illusions. Ce sont elles, qui ont besoin de mes chansons!

Quand il est en colère après moi (parce que j'ai fait quelque chose qui ne lui plaît pas), Pascal me dit toujours : « Je veux que tu deviennes une princesse! » C'est gentil et flatteur, mais je tiens par-dessus tout à être une chanteuse populaire. J'espère que je le resterai très longtemps. Dans la lignée des Piaf, Brel, Aznavour... De tous ces gens que j'admire tant.

Une femme comblée? Presque. J'ai été invitée à chanter au Portugal, d'abord dans mon village puis au fameux Casino de l'Estoril. Je ne dirais pas que tous les nuages sont partis mais l'ambiance est incontestablement bien meilleure entre mes compatriotes et moi. On dirait qu'ils me considèrent tous comme leur cousine. Oh, je ne me fais guère d'illusions : Ma notoriété en France (notamment auprès de ceux que j'appelle toujours " nos petits Portugais ") y est peut-être aussi pour quelque chose!

Dans mon village, on avait organisé en mon honneur une grande fête au cours de laquelle j'ai dû chanter, ce qui n'était pas prévu au programme. Je l'ai fait, et tout le monde a chanté, dansé, bu, mangé... Cela aurait pu passer pour une belle réconciliation... Tout le village était pavoisé pour me recevoir et mon oncle, qui avait organisé le concert, avait vendu tous les billets. Inutile de vous dire qu'ils n'ont jamais envisagé que je pourrais demander un cachet pour le récital que je leur ai donné! Mais j'ai chanté de bon cœur, je leur faisais volontiers ce cadeau...

A l'Estoril par contre, cela n'avait rien à voir avec ma famille. C'est un endroit magique – comme l'Olympia – où toutes les grandes vedettes se sont produites un jour. J'ai rempli la salle pendant cinq jours et toute la presse a été enthousiaste à mon égard. Là j'ai pris ma revanche sur tout ce que j'ai vécu dans mon pays auparavant.

Voilà. Désormais, je vis ma vie et je crois que je la vis bien. Jeannot travaille bien à l'école et montre de belles dispositions pour la musique. Je serais étonnée qu'il ne fasse pas carrière dans ce sens. En tout cas, je ne l'en empêcherai pas. Ce métier m'a donné trop de joies pour qu'il ne les connaisse pas à son tour. C'est un bon garçon et nous nous aimons tendrement. Il est toute ma vie et – pour le moment – je suis toute la sienne. Il a quinze ans, je sais que cela ne durera pas tout le temps.

Quant à ma mère, j'ai fait une croix sur les mauvaises pensées qu'elle a pu faire naître en moi. Je comprends aujourd'hui qu'elle a eu une vie difficile, et qu'elle n'a même pas eu d'enfance. Je lui ai offert un appartement à Amadora. Je ne désespère pas de trouver un jour le chemin de son cœur.

Ce livre de souvenirs appellera un jour une suite. A travers vous, j'espère que je n'aurai que de bonnes choses, des choses heureuses à raconter.

Aujourd'hui je voyage beaucoup, quand j'ouvre ma valise, il n'y a plus que le bonheur dedans. Pour vous et avec vous.

Et je chante, je chante... Je chanterai comme ça jusqu'à

mon dernier souffle. En chantant, j'ai découvert le bonheur et même une certaine forme d'apaisement. Je me suis réalisée et, si je parviens à garder l'affection de mon public, je crois que je ne m'arrêterai jamais de chanter car grâce à vous aujourd'hui je ne cours plus après le mot AIMER.

ACHEVÉ D'IMPRIMER LE 12 OCTOBRE 1984
SUR LES PRESSES DE L'IMPRIMERIE HÉRISSEY
POUR LE COMPTE DE FRANCE LOISIRS
123, BOULEVARD DE GRENELLE, PARIS

Direction technique : Claude Fagnet
Maquette : Dominique Jehanne
Relations publiques : Catherine Baudin

Photos : Luc Fournol, Pascal Dacasa
Dominique Lozac'h

Merci à Michèle Dokan, Pierre Crosz, Pascal Auriat et Michel Lafon pour mon bon français et leur participation amicale à la naissance de ce livre.

Imprimé en France

Dépôt légal : octobre 1984
N° d'imprimeur : 35673 — N° d'éditeur : 9788